PSICOTERAPIA ABERTA

Dados Internacionais de Catalogação na Publicação (CIP)
(Câmara Brasileira do Livro, SP, Brasil)

Almeida, Wilson Castello de
Psicoterapia aberta: o método do psicodrama, a fenomenologia e a psicanálise / Wilson Castello de Almeida. — São Paulo : Ágora, 2006.

Bibliografia.
ISBN 85-7183-009-6

1. Fenomenologia existencial 2. Moreno, Jacob Levy, 1892-1974 3. Psicanálise 4. Psicodrama 5. Psicoterapia I. Título. II. Título: O método do psicodrama, a fenomenologia e a psicanálise

06-1904

CDD-616.891523
NLM-WM 430

Índices para catálogo sistemático:

1. Psicodrama: Medicina   616.891523
2. Psicoterapia psicodramática: Medicina   616.891523

Compre em lugar de fotocopiar.
Cada real que você dá por um livro recompensa seus autores
e os convida a produzir mais sobre o tema;
incentiva seus editores a encomendar, traduzir e publicar
outras obras sobre o assunto;
e paga aos livreiros por estocar e levar até você livros
para a sua informação e o seu entretenimento.
Cada real que você dá pela fotocópia não autorizada de um livro
financia um crime
e ajuda a matar a produção intelectual em todo o mundo.

PSICOTERAPIA ABERTA
O método do psicodrama, a fenomenologia e a psicanálise

WILSON CASTELLO DE ALMEIDA

EDITORA
ÁGORA

PSICOTERAPIA ABERTA
O método do psicodrama, a fenomenologia e a psicanálise
Copyright © 2006 by Wilson Castello de Almeida
Direitos desta edição reservados por Summus Editorial

Editora executiva: **Soraia Bini Cury**
Assistente de produção: **Claudia Agnelli**
Capa: **Sylvia Mielnik e Nelson Mielnik**
Projeto gráfico e diagramação: **Acqua Estúdio Gráfico**
Fotolitos: **Casa de Tipos**

Nota da Editora:
Este livro é uma versão atualizada e ampliada das obras *Psicoterapia aberta: o método do psicodrama* (Ágora, 1982) e *Formas do encontro: psicoterapia aberta* (Ágora, 1988).

Editora Ágora
Departamento editorial:
Rua Itapicuru, 613 – 7º andar
05006-000 – São Paulo – SP
Fone: (11) 3872-3322
Fax: (11) 3872-7476
http://www.editoraagora.com.br
e-mail: agora@editoraagora.com.br

Atendimento ao consumidor:
Summus Editorial
Fone: (11) 3865-9890

Vendas por atacado:
Fone: (11) 3873-8638
Fax: (11) 3873-7085
e-mail: vendas@summus.com.br

Impresso no Brasil

A irritabilidade e a exasperação do médico podem às vezes representar não o protesto lógico contra a falta de cooperação do paciente, mas sim a sensação básica, não inteiramente consciente, de insegurança do profissional. O tratamento psicológico do paciente deve ser iniciado pelo tratamento psicológico do próprio terapeuta.

T. R. Harrison

Se a psicoterapia não é sempre suficiente, pelo menos é sempre necessária.

Henri Ey

SUMÁRIO

À guisa de apresentação...	9
Prólogo	11
1. POR QUE PSICOTERAPIA ABERTA	17
2. METODOLOGIA – MÉTODOS E TÉCNICAS	23
3. O MÉTODO FENOMENOLÓGICO-EXISTENCIAL	33
4. AS CATEGORIAS FENOMENOLÓGICO-EXISTENCIAIS PRESENTES NO DISCURSO MORENIANO..	51
5. O CONCEITO DE TELE E AS IDÉIAS DA FENOMENOLOGIA	79
6. FORMAS DO ENCONTRO – O ENCONTRO CLÍNICO	97
7. VIVÊNCIAS E RE-VIVÊNCIAS GRUPAIS	105
8. A QUESTÃO DO DIAGNÓSTICO – O PSICODRAMA E A FENOMENOLOGIA	123
9. A FUNÇÃO INTERPRETATIVA DAS DRAMATIZAÇÕES........................	141
10. TRATAMENTO E CURA – CATARSE DE INTEGRAÇÃO	169
Epílogo	191
Referências bibliográficas	197

À GUISA DE APRESENTAÇÃO

[...] Talvez por isso o livro de Wilson Castello de Almeida, *Psicoterapia aberta: o método do psicodrama*, de 1982, não tenha recebido toda a atenção que merecia. Nele, Wilson defende a classificação do "método do psicodrama como método fenomenológico-existencial, compreensivo, que por isso mesmo lhe permite ser psicoterapia aberta", ou seja, comportando várias leituras, o que poderia explicar tanta divergência de visões e de opiniões dentro da teoria do psicodrama. Quem sabe se pudéssemos ter refletido mais sobre as idéias por ele levantadas, tivéssemos nos permitido mais e melhor uma abrangência de visão que iluminasse pontos obscuros da teoria psicodramática, sem setorizá-la tão intensamente ou sem tanta radicalização.

Sérgio Perazzo
In: *Ainda e sempre psicodrama* (São Paulo: Ágora, 1994).

PRÓLOGO

Quando Edith Elek, com marcada presença no mundo editorial como animadora das produções psicodramáticas, gentilmente me convocou para preparar uma nova edição deste livro, vi-me diante da dúvida: reformulá-lo para atender à idéia de atualização ou mantê-lo nos moldes das edições anteriores, já enriquecidas com vários adendos? Revi o texto com emoção, pois ele definira a minha posição intelectual de médico psiquiatra nos idos de 1970. Na fenomenologia existencial eu encontrara a proposta de caracterizar a experiência humana nas condições de relação da pessoa consigo mesma, com o outro e com o seu mundo, sem se perder nas teorias que a limitam no campo zoológico, com o risco de negar os processos de hominização e humanização do *ser*.

Em aparente contradição, essa experiência humana não pode ocorrer entre indivíduos isolados, mental ou espacialmente, mas tão-só entre indivíduos separados. Este é o paradoxo: cada um é independente do seu semelhante, mas, ao mesmo tempo, está condenado a relacionar-se com ele, num processo de mutualidade. Não há seres grudados entre si, amalgamados em peça uniforme, exceção, talvez, *mutatis mutandi*, no caso da simbiose psicoemocional. A história da natureza humana, como sendo derivada de um todo único,

12 • Wilson Castello de Almeida

pertence à lenda que nos conta Platão em *O banquete*, pela fala de Aristófanes, buscando explicar o desejo dos seres humanos em se unirem pela bênção de Eros.

De qualquer forma, pode-se afirmar com convicção que a experiência primária e original do homem é relacional, comprovada no plano existencial, antes mesmo de qualquer especulação científica ou filosófica.

Nessa trilha cheguei à encruzilhada psicodrama e fenomenologia, e entendi as razões da psicanálise, pelo que gostaria de pontuar os momentos mais significativos desses encontros.

Naqueles idos de 1970, o psicodrama surgira no espaço acadêmico com a participação e, quando não, com a simpatia de inúmeros professores da clínica psiquiátrica do Instituto de Psiquiatria do Hospital das Clínicas da Universidade de São Paulo, onde eu cursava a residência médica, lugar do *role-playing* usado com eficiência e encantamento no ensino da saúde e da doença por profissionais como Cesarino, Fonseca, Mezher, Eva e outros.

No mês de agosto de 1970 realizou-se no Museu de Arte de São Paulo (Masp) o V Congresso Internacional de Psicodrama e Sociodrama, considerando mentes e corações e transformando-se em estuário para as angústias contidas do país, na sua busca de democracia e liberdade, já que vivíamos um período político sombrio, em continuidade aos golpes de 1964 e 1968.

Senti, naquela altura de minha trajetória profissional: eu fora capturado por esse ideário novidadeiro e transformador do campo das psicoterapias. Entrei para a Sociedade de Psicodrama de São Paulo (SOPSP) e ali fiz formação, passando a participar do movimento psicodramático brasileiro em suas várias vertentes – teórica, prática e política. Até hoje dou minha contribuição, sendo a última como editor da *Revista Brasileira de Psicodrama*, de 1994 a 2004. Fui vice-presidente da SOPSP e também o seu coordenador de ensino no biênio 1977-1978.

Tornam-se necessários, entretanto, outros registros para se compreender meu interesse pela temática referida. Finalizada a residência, eu conquistei, em concurso público, um dos primeiros lugares como médico-assistente do Instituto de Psiquiatria, e logo fui alçado à condição de preceptor de ensino daquela instituição e estimulado a fazer carreira universitária pelo professor doutor José Roberto Fortes, um entusiasta das proposições fenomenológicas e reconhecido *expert* da obra de Karl Jaspers. Convidei-o para ser meu orientador no recém-inaugurado curso de pós-graduação, por ele coordenado, ajudando-o na montagem dos programas curriculares exigidos pelo Ministério da Educação.

Por aquele tempo aproximei-me com curiosidade e aproveitamento da obra de Ludwig Binswanger (1881-1966), psiquiatra suíço que fecundara as psicoterapias com contribuições da fenomenologia de Husserl e do existenciário de Heidegger e com interesse idêntico ao de J. L. Moreno: dar ênfase à relação objetividade-subjetividade na tarefa das ciências. Mas não se pode deixar de anotar as muitas críticas dirigidas a esses autores médicos (Binswanger e Moreno) porque não teriam atingido a radicalidade do pensamento filosófico ensejado.

Binswanger, estudioso da psicanálise e amigo de Freud, permaneceu na história porque também foi o psiquiatra de Anna O. no Sanatório Bellevue, de sua propriedade. A partir do ano de 1945, inspirado na obra *O ser e o tempo* (1927) e na *Daseinanalytik* de Heidegger, ele criou a análise existencial sobre a trama conceitual denominada "antropologia existencial". Essa era a fonte de uma psicopatologia pela qual o ser humano se constituiria por meio de uma história (da vida pessoal), de uma totalidade (biopsíquico-social, diríamos hoje com a Organização Mundial da Saúde) e de uma particularidade (singularidade, diria depois Lacan).

Concomitantemente, ao estudar a obra de Moreno, identifiquei uma "senha" enchendo-me de júbilo: em seu livro *Psychodrama: foundation of psychotherapy* (1959/1975a), ele fez explanação sobre fenomenologia e análise existencial, exigindo créditos para o seu método na tarefa da "convalidação existencial", aproximando-o dessas matérias e oferecendo a prática do psicodrama para instrumentalizar a participação filosófica.

Dizia ele: "Cada sessão psicodramática é uma experiência existencial e pode fornecer informações fundamentais para uma sólida teoria da existência". Em comentário a essa fala, Medard Boss, da Universidade de Zurique, dava contribuição estimulante:

> É através da síntese necessária de ambos os princípios — pesquisa científica e participação existencial do terapeuta — que o psicodrama e a sociometria foram os pioneiros dos mais modernos desenvolvimentos da psicoterapia, possuindo também o mérito de terem elaborado um método de vanguarda.

Estava posto o mote para dedicar-me, na pós-graduação, orientado pelo prof. Fortes, ao tema "Aspectos fenomenológicos e existenciais da teoria e da prática do psicodrama", contemplando-me com o diploma de mestre em psiquiatria pela USP em 1981. E, num trabalho de enxugamento da dissertação de mestrado, transformei-a no livro *Psicoterapia aberta: o método do psicodrama* (1982).

Com a decisão, pois, da presente edição, identifiquei no texto, na leitura realizada para isso, uma simplicidade didática, mas nenhum erro histórico, nenhum desvio conceitual, nem mesmo alguma desatualização, pelo contrário, nunca o abordado pareceu-me tão atual, tão "*up to date*", como agora. Se não pude inscrevê-lo como obra mais alentada e minudente, permaneço com a grata satisfação de estar colaborando com os estudantes para os primeiros passos na matéria que, em sua pureza e transcendência, seria árdua e difícil.

Gostaria ainda de chamar a atenção para a tese defendida neste livro, de vital importância ao entendimento do que seja Tele. Proponho que o conceito de Tele possa conter os atributos da intencionalidade, da intuição e da intersubjetividade, definições tão caras à fenomenologia. Tele é um fenômeno inter-relacional, é uma estrutura primária da relação humana, em forma íntegra, envolvendo a coconsciência, o co-inconsciente, a co-espontaneidade, a co-criatividade, a co-vivência e a co-ação. Tele é o elo legítimo entre o encontro preconizado pela filosofia e a técnica da inversão de papéis, específica do psicodrama. Mais à frente dedicarei um capítulo ao tema, reconstruído das edições anteriores.

Por tudo isso ou só por isso mantenho a parte conceitual do texto sem nenhuma modificação, esperando que ele possa continuar como um pequeno detonador, efetivo aquecimento, para o estudo mais aprofundado dos psicodramatistas que não queiram permanecer apenas nas regras técnicas, mas construir um lastro de cultura do conhecimento para dar densidade a seu trabalho a partir da clínica, esta sim, com um vigor que não se esgota.

Porém, do ponto de vista didático, decidi por registrar novas achegas, completando as definições, articulando o método desdobrado pelo fio condutor da fenomenologia: método fenomenológico-existencial, método aberto, método psicodramático, psicoterapia aberta.

Introduzi, ainda, um capítulo novo, "A função interpretativa das dramatizações", e achei por bem abrir o tema da relação da fenomenologia com a psicopatologia. E pude também fazer interessantes aproximações com as idéias da psicanálise, no decorrer do texto, pois enriquecera a minha formação no curso de pós-graduação do Instituto de Psicologia da USP tendo como objetivo a psicanálise no enfoque lacaniano. Assim eu superava os meus estudos não-institucionais sobre Freud e Lacan, em continuidade a meu processo analítico pessoal.

Para encerrar este prólogo, gostaria de repetir o que se encontra nas edições anteriores: o método fenomenológico-existencial, em primeiro momento, poderá ser visto como a fotografia de um rio, estático na folha de papel. Em outro tempo, será olhado diretamente, em movimento, em um aspecto dinâmico. Isso se deve à riqueza conceitual conseguida quando estabeleceu com outras fontes do saber um saudável sistema de trocas em que, por muitas vezes, foi e tem sido generoso inspirador.

Por fim, ousaria dizer aos psicodramatistas sobre este livro, sem falsa modéstia: vale a pena ler de novo, pois é um novo livro.

Vamos, então, começar pela apresentação de interessante sinopse dessa matéria chamada psicodrama, num desenho sintético e abrangente, que tive a sorte de esquematizar.

Quadro sinótico das categorias psicodramáticas		
Categorias filosóficas	Categorias teóricas	Categorias técnicas
Socionomia	Sociometria	Escolhas
Teatro	Teatro espontâneo	Teatro terapêutico
Hic et nunc (aqui e agora)	Momento O tempo moreniano	Dramatizações in situ e em status nascendi
Espontaneidade Criatividade Liberdade	Teoria dos papéis Revolução criadora	Encenação de desejos, conflitos, reparações, por meio dos papéis Role-playing
Encontro (filosofia e poesia)	Tele (conceitual clínico do encontro)	Inversão de papéis e outras técnicas

Sobrevivência psíquica ←→ Catarse de integração revolutiva – resolutiva – evolutiva ←→ Integração social

Excelência nas relações humanas

Insights dramáticos

Projeto existencial

Pesquisa sociométrica

Pesquisa transgeracional

- 1 -

POR QUE PSICOTERAPIA ABERTA

Vamos iniciar o capítulo conceituando o que se entende por psicoterapia. Seria o conjunto de procedimentos de ordem psicológica usados para o tratamento de situações, comportamentos, crises, transtornos e doenças de gênese psicológica que, mesmo com outras origens, repercutem significativamente no campo psicoemocional. Entendemo-la como atividade ampla, que vai do tratamento das doenças, enquanto entidades médico-psicológicas, até dificuldades cotidianas e aparentemente prosaicas, passando pelas dúvidas e interrogações existenciais e convergindo na problemática da comunicação e das relações humanas.

Inúmeras são as habilidades propostas para cumprir o seu objetivo, e em função delas recebe um nome: psicoterapia psicodramática, psicoterapia psicanalítica, psicoterapia cognitivo-comportamental etc.

Podemos nomeá-la, ainda, com base nos conceitos fundadores; assim, se o trabalho é identificado com temas do inconsciente dinâmico de Freud, dos conflitos de ordem intrapessoal, da "matriz de identidade", do desempenho de papéis de J. L. Moreno, da dinâmica sociocultural e elementos dialéticos da inter-relação, incluída a transferência e o Tele, forma-se a expressão "psicoterapia dinâmica".

Matriz de identidade: conforme Moreno, criador da expressão, "é a placenta social da criança, o *locus* onde se prende". Em outras palavras, é o meio sociofamiliar em que a criança se insere ao nascer. Esse meio é o que lhe atende em suas necessidades fisiológicas, psicológicas e relacionais, influenciando seu desenvolvimento, por etapas, por meio do desempenho de papéis.

Entre os modelos da teoria interessada na natureza, na condição, no psiquismo e no comportamento do ser humano, e a prática desenvolvida no campo de ação, com diversificadas técnicas, existe um fator de articulação que nos permite perceber, apreender, analisar e compreender fenômenos e fatos ocorridos, dando-nos clareza e suficiência para ordenar o pensamento, inspirar os sentimentos, objetivar o ânimo e processar o fazer psicoterápico: é o método.

O método aqui comentado não se identifica obrigatoriamente com os princípios da lógica formal, mas procura comprometer-se com seu próprio sentido original. Etimologicamente é o caminho, como se fora água, sulcando toda terra, infiltrando-se pelos vegetais, volatilizando-se, tornando-se chuva, voltando ao rio e ao mar, alimentando gentes e animais, presença/necessidade universal, constância/unidade na diversidade, à semelhança do tao, do pensamento oriental.

Passei a interessar-me pelo assunto na medida em que os estudos de psiquiatria encaminhavam-me para a psicoterapia e esta, ao psicodrama. Nas idéias de J. L. Moreno encontrei as reflexões indicadoras do método fenomenológico-existencial.

E por que psicoterapia aberta?

Em literatura chama-se de "obra aberta" aquela que, mesmo quando formal e coerentemente desenvolvida, permita várias leituras, sem quebra de sua estrutura fundamental, em função mesmo das ambivalências e probabilidades próprias do homem, seu autor.

Para Umberto Eco, patrocinador da expressão, "a obra de arte é uma mensagem fundamentalmente ambígua, uma pluralidade de significados que convivem num só significante".

> Tanto a psicologia como a fenomenologia falam de ambigüidade perceptiva como possibilidades de colocar-se aquém da convencionalidade do conhecer habitual para colher o mundo com o viço de possibilidade que antecede cada estabilização devida ao uso e ao hábito [...]. Tais são os problemas que a fenomenologia coloca na própria base de nossa situação de homem no mundo; propondo ao artista, assim como ao filósofo e ao psicólogo, afirmações que não podem deixar de ter uma função de estímulo à sua atividade formativa (citando Merleau-Ponty): "É portanto essencial à coisa e ao mundo apresentarem-se como abertas [...] prometer sempre algo mais a ver".

O contato com o texto de Eco inspirou-me a titular este livro assim, *Psicoterapia aberta*, porque eu vinha de uma experiência vivencial muito rica com a psicoterapia psicodramática e, ao mesmo tempo, perguntava-me sobre o método de meu trabalho profissional.

Em 1985 o título *Psicoterapia aberta* foi registrado em meu nome, sob o número 35.310, no escritório de direitos autorais da Biblioteca Nacional do Ministério da Educação e Cultura, averbado no gênero "Ciências Aplicadas – Medicina".

Aproveito para registrar a não-denominação dessa tarefa como "psicoterapia existencial" porque vejo a fenomenologia e as filosofias da existência como correntes de pensamento, contribuintes das teorias do conhecimento, com significado amplo e universal, praticamente ilimitado, impossibilitando referi-las a uma disciplina em particular, de modo exclusivo. A designação seria imprópria, a meu ver.

Psicoterapia aberta não tem a adjetivação para caracterizar modalidade de tratamento, mas tão-somente para ressaltar e amplificar de forma sintética todo o potencial do método fenomenológico-existencial que, no dizer de Cooper (1973), "é o estudo ou exame da experiência não influenciado por conceitos ou preconceitos".

Tal método pode ser experienciado por meio de muitas propostas; fizemo-lo pelos trâmites da psicoterapia psicodramática, e as conclusões, se formos felizes na exposição, poderão ser úteis a todos os interessados em discutir a que método devem se socorrer, em suas atividades, os trabalhadores das ciências psíquicas e humanas.

Leituras

Na sessão de psicoterapia psicodramática chama-se protagonista o paciente que emerge para o tratamento, simbolizando sentimento comum que permeia o grupo, recebendo deste aquiescência para representá-lo a partir da dinâmica sociométrica. A palavra vem do grego: *proto* = primeiro, principal; *agonistes* = lutador, competidor.

A ambigüidade e as probabilidades humanas, exploradas no contexto psicodramático, possibilitam a espontaneidade e a criatividade colocadas aquém da convencionalidade da "conserva cultural". Ao término de uma sessão tem-se a "obra de criação" do protagonista e ela vai permitir muitas leituras, sem comprometer a dinâmica básica estabelecida pelo grupo e, em termos dos compromissos dali decorridos, pelo indivíduo dentro do contexto grupal. Assinale-se, a bem da verdade, que essas leituras têm pouco interesse para o paciente, que delas se beneficia indiretamente, pois elas são importantes para o terapeuta, por enriquecer e ampliar a visão e a proposta do trabalho realizado. O paciente ganha diretamente com a própria vivência e não com as intelectualizações em cima do vivido.

Entre as várias leituras da sessão psicodramática, por simples questão de coerência, deve-se começar com o referencial teórico estribado nos conceitos e teorias construídos por J. L. Moreno: teoria dos papéis; teoria do momento (o "aqui e agora"); teoria da espontaneidade-criatividade; teoria do desenvolvimento infantil com base no conceito de matriz de identidade; teoria da ação; teoria da "segunda vez" (dramatizar para desdramatizar); conceitos de inter-relação, transferência no papel, Tele, encontro, confronto, escolha, dinâmica sociométrica, co-inconsciente, aquecimento (*warming-up*), *acting-out* terapêutico, catarse de integração.

Depois, pode-se enveredar por outros marcos referenciais, outras chaves interpretativas, de diferentes ópticas. De modo amplo, são interessantes as referências literárias, religiosas, histórico-culturais, mitológicas, do mundo mágico, das teorias da comunicação e da cibernética. De modo restrito usam-se as indicações médicas, comportamentais e outras. Como contribuição muito rica está a leitura psicanalítica em suas várias vertentes: freudianas, kleinianas, lacanianas. Bowlby, *expert* da Organização Mundial de Saúde (OMS), psiquiatra e psicanalista, ministra elementos de ação pragmática sob o viés da medicina preventiva. A Gestal-terapia enriquece a compreensão do ocorrido nas sessões com propostas co-irmãs do psicodrama. Na dinâmica grupal são relevantes os modos de ver de Bion, Carl Rogers, Kurt Lewin, Max Pagés, Foulkes. Temos de conhecê-los. A visão de arquétipo de Jung fornece a interpretação da simbologia universal. Proposta bastante engenhosa é a do psicodramatista Rojas-Bermúdez, com a teoria do Núcleo do Eu. O brasileiro José Fonseca também contribui com talento inovador a partir de sua extensa prática clínica.

No decorrer desta exposição o leitor verá que essa gama de leituras é propiciada pelo método fenomenológico-existencial, porque ele não permite fechar a análise da personalidade humana em estrutura única e isolada. Exatamente por isso ele é um método aberto.

Na perspectiva existencial do indivíduo kierkegaardiano cada um fará a sua neurose, cada psicose será uma psicose, várias serão as formas da sexualidade, diversos os modos de utilizar a agressividade, inúmeros os caminhos para a cura, múltiplas as vivências do encontro...

...e a flor do Amor terá muitos nomes, como lembra o texto poético de Guimarães Rosa.

- 2 -

METODOLOGIA
– MÉTODOS E TÉCNICAS

Uma das características do ser humano é a sua curiosidade: indaga, reflete e responde, a seu modo, em relação a tudo que o envolve e o intriga. Busca entender a aventura humana "que começou não se sabe por que e terminará não se sabe onde". Desse interesse nasceu o conhecimento vulgar que precede o conhecimento científico.

A princípio, o conhecimento vulgar estrutura-se a partir da sensopercepção, das imagens e da memória. O homem comum utiliza essa experiência, assim adquirida, para fazer a previsão de sua vida. Supõe-se que o futuro repetirá o passado. Então, pretende prever para prover, numa ação utilitária que o tem acompanhado em todos os lugares e em todos os tempos. Desenvolve não só sua capacidade de ação, mas também a inteligência, com a qual espera exercer melhor o seu domínio sobre as forças naturais e sobrenaturais.

Sabemos que o conhecimento vulgar não se desenvolve de modo linear. Em sua ontogenia, o ser humano vê nascer um dinamismo intrínseco, encarnado, que depois seria chamado de motivação, necessidade, instinto, desejo; surpreende-se ao perceber a busca indagativa envolvida pelas emoções; descobre, também, forças que lhe impõem arranjos e desarranjos na memória: a imaginação e a fantasia; rende-se a uma ordem de crenças e valores que o destaca de outras espécies animais; e mergulha no universo do simbólico, sua força e fraqueza. Ainda assim, e por isso mesmo, continua com suas perquirições para dar corpo ao senso comum, envolvendo-se, com simplicidade algumas vezes, com simploriedade outras, num mundo de crendices e superstições. O preconceito o inspira, a rigidez de suas formulações lhe dá forças, a falta de juízo crítico e o conseqüente fanatismo são o ápice de seu posicionamento. O mundo mágico é o que o encanta e o tranqüiliza.

A partir de certo instante da história da humanidade, o ser humano passa a sistematizar as perguntas, pesquisas, análises e o entendimento das eventuais respostas. Com Galileu Galilei (1564-1642) nasce o conhecimento científico em seu modelo naturalista, mecanicista, matemático. Nasce a ciência. Com a ciência e a necessidade de fundamentá-la, surge um dos mais importantes capítulos da filosofia: a gnosiologia ou teoria do conhecimento. Este, por sua vez, é subdividido em dois outros capítulos: a epistemologia e a metodologia.

A epistemologia, dentro de um conceito rigoroso, refere-se ao estudo que se faz dos "princípios", "hipóteses" e "conclusões" de uma ciência, com o objetivo crítico de determinar a sua lógica, a sua coerência e o valor de sua aplicabilidade. De outra forma fala-se, também, que cabe à epistemologia estudar criticamente as "regras" de funcionamento das ciências de modo geral. De qualquer ângulo, falar em epistemologia é referir-se ao saber humano em seu processo de relação entre o sujeito do conhecimento e o objeto do conhecimento, para buscar a verdade.

Originariamente, a metodologia ligava-se à "lógica aplicada" que tinha por finalidade "impor regras ao pensamento e ensinar ao homem como se deveria buscar a Verdade nas ciências". Uma convergência didática entre os dois capítulos.

O que seja Verdade em termos absolutos leva-nos ao objeto mesmo da filosofia e das religiões. "Conhecereis a Verdade e ela vos libertará", palavras de Jesus no Evangelho de João. Eu e o leitor, supostamente um profissional da área psi, não necessitamos ser iniciados da religião ou da filosofia, mas devemos estar atentos a uma concepção da natureza e da condição humana e a um incessante pensar sobre a matéria de nossos cuidados: o ser humano.

Então talvez possamos encontrar verdades parciais: objetivas ou subjetivas, individuais ou coletivas, conscientes ou inconscientes, éticas ou pragmáticas, heréticas ou utópicas, estáticas ou dinâmicas, formais ou dialéticas, e pensar com o filósofo Bazarian (1980):

> O que existe na realidade não pode ser verdadeiro ou errado. Simplesmente existe. Verdadeiros ou errados só podem ser nossos conhecimentos, nossas percepções, nossas opiniões, nossos conceitos ou juízos a respeito do objeto. Em outras palavras, verdadeiro ou errado pode ser apenas o reflexo subjetivo da realidade objetiva.

Nietzsche, em seu livro *Além do bem e do mal: prelúdio de uma filosofia do futuro*, alerta-nos: "O amor pela verdade, esta formosíssima verdade da qual todos os filósofos sempre falaram, levar-nos-á a muitas e perigosas aventuras. E quantos problemas já nos trouxe!"

Espinoza diria que a verdade precisa estar de acordo com a idéia pensada, sem o risco das contradições.

Fala-se tanto em buscar a verdade nas psicoterapias, e não é só Moreno que o faz, que não basta enunciar a intenção. A pergunta que não se cala é o indagar sobre a verdade do psicoterapeuta, e aí não podemos fugir à predicação de Freud (1915): "Já que exigimos rigorosa sinceridade de nossos pacientes, estaremos pondo em risco toda a nossa autoridade se nos deixarmos apanhar por eles num afastamento da verdade".*

Eis-nos exercendo uma profissão de exigente coerência ética.

O psicodrama propõe a pesquisa da Verdade por meio da Ação. Aqui cabe esclarecer o termo "ação".

É, ainda, no Evangelho de João a inscrição de sua abertura: "No princípio era o Verbo". Em hebraico, *verbo* tem, simultaneamente, duas significações: ação e palavra. Moreno preferiu a primeira tradução, à semelhança do *Fausto* de Goethe: "No princípio era a Ação". Com isso quis dar ênfase ao processo criador no que ele tem de

---

* Todos os livros de Freud citados nestas páginas constam de suas *Obras completas* (1968).

material, de prática, de construção, de movimento, de encenação, de fazer, de dramatização e de finalização. Segundo os estudiosos, tal escolha estaria inscrita na tradição judaica. Para ficarmos sintonizados com os dois sentidos contidos no termo, não podemos nos esquecer de que o trabalho das psicoterapias, e também o da psicodramática, não prescinde da palavra, seja ela como linguagem para simples comunicação, seja como dimensão lingüística do ato intencional, seja como simbolizadora de ações contidas, pólo de significações, seja como reguladora das relações entre papéis.

Devemos atentar para a colocação de Vogt (1980): "*O ato da fala é* uma pequena cena dramática cujo desempenho cabe aos interlocutores que dela participam". O uso da palavra, como forma de linguagem, é uma atividade, uma ação, pois. E ação dramática porque sempre estará representando cenas.

Isso posto, facilita-nos superar eventuais dúvidas e contradições. Sabe-se ser o hebraico língua forte, sintética e dialética. Nela o termo "verbo" contém dois movimentos indissociáveis: a ação cede à palavra, a palavra cede à ação, ou ambas vêm com a força somatória da resultante: o corpo, pois o Evangelho continua: "e o Verbo se fez carne".

Quando Moreno usou a palavra "drama", ele a quis na sua tradução mais específica: *ação cênica*. Em sua fase teatral ele buscava no teatro a espontaneidade e depois, no teatro terapêutico, a catarse, visando equilibrar fantasia e realidade em benefício do crescimento emocional do indivíduo, o que se daria pela espontaneidade e criatividade dos papéis, aqui também no sentido de *papéis dramáticos*. O drama no trabalho psicodramático atinge situações concretas e metafóricas, ações reais e imaginárias, cenas mudas e faladas, com o corpo sempre presente por meio do som, dos gestos, da mímica, ou de ambos.

No contexto da psicoterapia psicodramática a palavra pode vir antes da ação cênica, depois dela ou junto com ela – o drama. Algumas vezes se faz a proposta técnica de utilizar-se exclusivamente da ação enquanto cenas de movimento, sem palavras. Às vezes são utilizadas técnicas sem palavras e sem movimento: são imagens estáticas, alegorias, montagem plástica, que devem ser vistas como ação, no sentido de um momento específico da dramatização. E por muitas e muitas vezes a palavra tem predomínio pleno, como pequenas cenas dramáticas, desvelando o mundo inconsciente.

O critério da verdade, para Esterson (1972), estaria na própria ação: "Compreendo a tua ação através da compreensão que tenho da minha ação, e compreendo a minha ação através da compreensão que tenho da tua ação". A inversão de papéis do psicodrama nos permite essa experiência relacional na busca da verdade.

A metodologia do conhecimento ou metodologia científica seria uma condição necessária, ainda que insuficiente, para o levantamento analítico, o estudo crítico e as propostas reformuladoras das várias maneiras de fazer investigação e pesquisa. A metodologia definiria os recursos dos métodos, seus fundamentos, suas aplicações, suas limitações e os resultados de seu uso.

Outro significado do termo "metodologia" é o de um segmento da pedagogia. Aqui ele é entendido como conjunto de procedimentos que servem à transmissão de conhecimentos; é o que se usa no ensino de várias disciplinas. O psicodrama pode ser utilizado, nesse sentido, para se ensinar outras matérias (gramática, matemática, fisiologia) ou o próprio psicodrama. No entanto, fique claro que a metodologia do ensino exige uma metodologia do conhecimento, cuja explanação vamos retomar, para falar de método.

Etimologicamente, método quer dizer caminho. Caminho que a curiosidade humana percorre, indagando e correlacionando, pesquisando e refletindo, de modo ordenado, para atingir o conhecimento. O método é o caminho da ciência. Método é o conjunto de procedimentos teóricos que ordenam o pensamento, estabelecem o objetivo do trabalho a ser executado e inspiram ânimo ao investigador. O método necessita dos processamentos técnicos para atingir seus objetivos.

Técnica é o conjunto de procedimentos práticos que instrumentalizam o método, tornando-o viável na execução de seu objetivo final. Toda técnica precisa ter uma teoria que a embase e a explicite. Os humanistas optam pelo termo "procedimento" em vez de "técnica" quando se trata das ciências humanas.

No estudo geral da metodologia para a investigação do que se refere às psicoterapias, conhecemos, pelo menos, quatro grupos de métodos:

- explicativo-causal, das evidências clínicas;
- cognitivo-comportamental;
- psicanalítico;
- fenomenológico-existencial.

O psicodrama pode ser estudado como método e como técnica. A intenção deste livro é enfocá-lo na primeira forma. Infelizmente, essas diferentes formas semânticas têm seu uso indiscriminado, trazendo confusões e permitindo impropriedades. Fanchette (1975) fala que um dos colaboradores de Moreno, P'Renouvier, teria colecionado 351 *métodos* psicodramáticos (grifo meu). Desconheço o texto original; provavelmente o autor se refere a *técnicas*, pelo que fica a advertência.

Como método, o psicodrama tem um conjunto de elementos teóricos, fundamentados empiricamente, numa primeira fase, pela experiência e criatividade de seu fundador, e reconhecidos, numa segunda fase, como apropriados às propostas e atitudes da fenomenologia e das filosofias da existência.

Segundo vários autores, nem todos os métodos preenchem as condições ideais para ser considerados científicos. A grande questão é estabelecer o grau de *objetividade* que cada um deles permite e determinar a posição do sujeito, o que significa dizer, da *subjetividade*, dentro dos critérios da ciência.

Em se tratando das ciências do homem, em que psiquiatria, psicologia e psicoterapia se inserem, de fato somente as condutas expressas pelo comportamento podem ser observadas à semelhança dos fenômenos físicos. Se assim for, dos quatro métodos citados só o explicativo-causal (que radica no modelo médico) e o cognitivo-comportamental (que radica no modelo behaviorista) poderão reivindicar foros de ciência. Porém, os seguidores dos outros dois métodos não aceitam ser considerados não-científicos ou pré-científicos.

A ciência como marco fundamental de superação do conhecimento vulgar e do senso comum é o grande e insuperável mito dos nossos dias. Podemos questionar as escolas científicas, tentar reformulações, empreender esforços para o encontro de novos critérios, mas não admitimos ficar fora desse colo maternal e protetor que nos embala nos caminhos pretensamente seguros da cientificidade. Por isso não é de escandalizar as incursões de Moreno pelo método expressivo-comportamental. Se num momento qualquer foi assim, a revisão histórica do psicodrama e a prática clínica atual nos orientam efetivamente para o método fenomenológico-existencial.

Coincidentemente, os dois métodos considerados por alguns como não-científicos têm origens muito próximas. Seus fundadores, Freud e Husserl, foram alunos de Franz Bretano (1838-1917), cuja característica de pensamento era a de não oferecer respostas já formuladas, a de usar as "aporias", ou seja, a dúvida dialética, a de distinguir as dúvidas oferecidas pela própria realidade e a de fazer uso da *intuição* como forma de ir "à coisa mesma". Suas primeiras obras saíram concomitantemente no ano de 1900.

As psicoterapias que se utilizam dos dois métodos preocupam-se com a significação e o sentido dos fenômenos, buscando neles as conexões, o entendimento, a compreensão, a tradução, a interpretação, a revelação e o esclarecimento, à semelhança da hermenêutica. E essa, sabemos, evoluiu do domínio bíblico-teológico para o do saber jurídico-filosófico, o da história, o da linguagem e, por fim, o das ciências do espírito, sendo hoje "*a arte da compreensão* ou *a doutrina da boa interpretação*", preocupada com as vivências e os comportamentos pessoais.

Coincidentemente, também os dois métodos a que se relutou entregar o estatuto científico não buscaram o modelo das ciências positivistas na execução de sua prática, mas, pelo contrário, valorizaram as emoções, a imaginação, a fantasia, o mitológico, o imponderável, o indeterminado e, por fim, o simbólico.

Certos autores filiam a psicanálise na linha do método explicativo-causal, no eixo biológico. Outros identificam-na com o método fenomenológico-existencial. A marca da contradição ocorreria por ela tentar operar em vários níveis: o filosófico, o médico-biológico, o psicológico. No entanto, Freud a quis como método singular e autônomo. Incluímo-la em um grupo isolado, exatamente para respeitar essa conquista inquestionável, com os seguintes dados: compreensão da evolução civilizatória e cultural da humanidade, metodologia de investigação sobre a mente humana, estímulo à associação livre de idéias, atenção eqüiflutuante e escuta, cuidados com a relação transferencial, crença no mundo interno do indivíduo (que é a sua "realidade psíquica"), conhecimento do inconsciente dinâmico, estudos além da psicologia clínica – a metapsicologia –, oferta do método como uma forma de psicoterapia.

É conhecida a idéia de que, para falar com autoridade sobre o método psicanalítico, é necessário submeter-se a ele. Há uma tradição de transmissão orática, quase "artesanal", da maneira de fazer psicanálise. Por isso se vive essa experiência diferentemente dos conhecimentos teóricos das aulas e dos livros.

Porém, esse tipo singular de experiência não é apanágio de nenhum método. Toda e qualquer vivência psicoterápica é misteriosa e mágica em si mesma, pois as técnicas psicológicas, dialogadas, interpretadas ou dramatizadas mobilizam forças mentais e emocionais das quais a ciência atual conhece apenas o preâmbulo.

No próximo capítulo será abordado o método fenomenológico-existencial, razão desta publicação. Antes, a título de recordação, vamos registrar, para refrescar a memória do leitor, as sinopses dos elementos que compõem o método do conhecimento popular (vulgar), subjetivo, o método do conhecimento científico (tradicional), objetivo, e o resumo da articulação dialética pretendida pelo método fenomenológico-existencial, com vistas à superação do objetivismo e do subjetivismo dos métodos anteriormente sintetizados.

Método do conhecimento popular (vulgar) – Subjetivo	
Superficial	– Atende às aparências: "Eu vejo assim"; "Dizem que é assim".
Sensitivo	– Trata das vivências.
Subjetivo	– Indica a experiência pessoal e individual: "Eu acho".
Assistemático	– Desorganizado ou organizado a seu modo, ao modo de cada um.
Acrítico	– Sem reflexão. Não verificável. Observação limitada ou distorcida pela proximidade ou envolvimento com o objeto.
Valorativo	– Os valores éticos, morais e ideológicos do sujeito contaminam a relação ou a visão do objeto de estudo ou de relação.
Inexato	– Não se apela para nenhum referencial de medida. Diz-se: "É por aí".
Falível	– Não suporta análise objetiva. Não se reformula ou o faz com incoerência.
Irracional	– Admite crenças e práticas mágicas. Determinismo – pouco ou nada considerado.

Predomina o sujeito cognoscente.

Método do conhecimento científico (tradicional) – Objetivo	
Profundo	– Busca direta, inquiridora, profunda. Prescinde das informações vagas.
Concreto	– Trata de fatos e ocorrências passíveis de ser comprovadas.
Objetivo	– Indica experiência observável por muitos, controlada, capaz de ser repetida, sob idênticas condições, com repetição dos resultados.
Sistemático	– Ordenado de modo lógico, estatístico, matemático.
Crítico	– Reflexão e verificação das hipóteses permitidas pelo distanciamento.
Não-valorativo	– Nem o estudo nem a relação são contaminados pelas opiniões pessoais.
Exato	– Pretende-se correto. É estudado com referenciais de medida.
Falível	– Propõe reformular-se com coerência.
Racional	– Não admite crenças e práticas mágicas.
Determinista	– Rigoroso. Conceito de causa e efeito.

Predomina o objeto cognoscível.

Método fenomenológico-existencial
Pretende a superação dialética dos métodos anteriores. Em seu processo são utilizados, de certa forma, elementos registrados em ambos os métodos, incluindo-os. Sujeito cognoscente e objeto cognoscível são vistos numa vinculação da qual não podem se dissociar. No estudo ou na relação, sujeito é objeto e objeto é sujeito. Este método aprofunda-se na caracterização da experiência pessoal tal como se apresenta em sua condição humana, específica e singular. Nele, não importa a terminologia dita científica, mas sim a vivência original de cada pessoa, a sua existência concreta, a sua relação com o outro, com o mundo e consigo mesmo.

- 3 -
O MÉTODO FENOMENOLÓGICO-EXISTENCIAL

Este capítulo pretende organizar as idéias do método fenomenológico-existencial com dados colhidos em vários autores, conforme a indicação bibliográfica. Seria uma tentativa excessivamente ambiciosa não fora, apenas, a intenção de pesquisar o tema, na esperança de trocar experiências com eventuais interessados.

Etimologicamente, fenomenologia significa o estudo do fenômeno, ou seja, de tudo o que se mostra em si mesmo. Mas a palavra ganhou o conteúdo e o sentido dos dias atuais com Edmund Husserl (1859-1938), formulador da metodologia que pretendeu dar rigor científico ao pensamento, já que para ele só era filosofia o que tivesse missão científica. Ele buscou uma fundamentação para suas investigações, com a finalidade de obter um conhecimento rigoroso do fenômeno a partir de três *exigências:* ser *a priori;* não conter pressupostos; ser evidente por si mesmo, isto é, o fenômeno puro e absoluto deveria ocorrer de forma imediata, antes de qualquer juízo ou reflexão, livre de preconceitos por parte do observador e com valor universal para todos os homens e todas as épocas.

Há que situar corretamente a fenomenologia de Husserl para o seu significado não ser confundido com outras fenomenologias, principalmente com a "fenomenologia banal", ou "fenomenologia descritiva", cuja característica é a simples descrição de objetos, sob quaisquer justificativas, com o observador permanecendo de fora.

Em Husserl, ser e fenômeno não podem estar dissociados, vinculam-se pela intencionalidade. O observador se encontra, sempre, dentro da relação; nos trabalhos grupais é chamado observador-participante, conforme H. S. Sullivan (1947).

Dessa colocação inicial as noções resultantes são dispostas em cinco classes de conjecturas e desenvolvidas a seguir: da premissa básica, dos processos da inter-relação, da característica dinâmica do método, dos procedimentos didáticos, dos postulados do método.

Da premissa básica

"Ser e Fenômeno *não* podem estar desvinculados."

Esta premissa funda tudo o mais que, nas psicoterapias, cheganos com os nomes de relação, participação, diálogo, presença, identificação, amor, transferência, Tele, comunhão, socialização, vínculo, encontro, dialética existencial, dialética relacional.

Dos processos da inter-relação

São eles: intencionalidade, intuição, intersubjetividade.

Primeiro processo: intencionalidade

Em termos gerais pode-se dizer que a intencionalidade é a abertura do sujeito para o mundo, como ato de identificação e busca de sentido. Seria a proposta dialética existencial da fenomenologia.

A relação direta entre consciência e fenômeno é o que se chama dinamismo intencional, robusto elo que torna sujeito e objeto inseparáveis, sem o qual consciência e mundo, separadamente, não podem ser compreendidos.

A intencionalidade é o primeiro processo ou maneira de operar da fenomenologia.

O fenômeno não pode ser alguma coisa abstratamente deduzida, mas é algo "concreto" que passa a ser parte estrutural da consciência.

Em termos práticos ela é caracterizada por dois movimentos: *Primeiro movimento:* o fenômeno enfocado apresenta um "algo" que sempre o levará a ser conhecido com o mesmo significado, objetivado, independentemente de quem o vê, independente do ângulo, da época e do lugar em que é visado. É este "algo" (noema) que nos dá a definição do fenômeno *ideal*, pois o fenômeno *real* é contingente, circunstancial. Este "algo" não vem da mente, está *a priori* assegurado no fenômeno, isto é, o fenômeno é que se dá a si mesmo, irrompendo na consciência imediatamente, sem que haja oportunidade da reflexão. *Segundo movimento:* é o ato de visar o fenômeno. Aqui se encontra a identificação do fenômeno. É um ato subjetivo da consciência (ato noético), mas ainda não é a intencionalidade. O ato de visar (percepção) é estruturado pela *intenção* e é ela que permite transformar o estado da consciência do mundo. Exemplo: sob meus olhos tenho a flor, o aluno, o automóvel. A princípio não os vejo. Naquele instante minha consciência abre-se para outras imagens imediatamente anteriores. Em dado momento ligo-me à flor. Não será a flor identificada em certas representações mentais, universais, a flor ideal, mas a flor que me toca, que me alegra ou me entristece. Ligome à flor-beleza ou à flor-feiúra. Ligo-me à flor-lembrança, àquela com a potencialidade de significados existentes a partir de minha experiência emocional em algum momento da vida. Nesse ponto está a qualificação da consciência.

No momento em que se estabelece a relação dialética identificação do fenômeno e qualificação da consciência, é que estará formada a intencionalidade. Ela é a relação ato noético e noema, ou, dizendo de outra forma, relação noético-noemática, que se dá no segundo movimento.

Intencionalidade pode ser tomada como sinônimo de conhecimento, mas não como "um lugar" onde se acumulam "imagens cognitivas", e sim como presença do sujeito numa realidade que ele abre e ilumina no instante mesmo em que se faz presente.

Essa é a originalidade da concepção husserliana da consciência: o sentido com que a consciência qualifica o objeto; portanto, a consciência (que tenho) dele. A consciência será sempre consciência de alguma coisa. Nessa operação poder-se-ia supor que a objetivação e a qualificação pudessem ser contaminadas pelo pré-julgamento. Exatamente isso o método fenomenológico vai evitar, pelo que propõe, como veremos adiante, o recurso da "redução". Segundo nos ensina Jacques Derrida, a intencionalidade não é vontade, voluntarismo, e sim espontaneidade. E ainda se pode ampliar o conceito de intencionalidade registrando a possibilidade de sua inclusão entre os processos inconscientes descobertos por Freud. Há, pois, a intencionalidade inconsciente.

Segundo processo: intuição

Ao lado da intencionalidade, a intuição é o segundo processo a ser esclarecido. Não é demais lembrar que não se deve confundir a intuição fenomenológica com qualquer iluminação milagrosa. Não se pode, ainda, confundi-la com a introspecção, que é, geralmente, uma forma de meditação abstrata, com tendência a ser usada para explicações e generalizações.

O que seja intuição, como fenômeno psíquico, ou melhor, interpsíquico, aceito por todos os estudiosos, ainda está mal definido. Na altura dos nossos conhecimentos pode-se apenas dizer o que ela não é, sabendo-se que ela não faz uso nem dos instrumentos de especulação filosófica nem da indução/dedução das ciências naturais.

Podemos arriscar algum entendimento: ela seria a capacidade do sujeito de fazer a apreensão clara e correta da verdade, anterior ao juízo ou reflexão. Pode ser vista como resultado de conhecimentos adormecidos, sensibilidade, criatividade, exercício de pesquisa e curiosidade, imaginação e, sobretudo, como apreensão pré-reflexiva. Os fenômenos inconscientes e co-inconscientes também comporiam a manifestação intuitiva.

Terceiro processo: intersubjetividade

Esse terceiro processo da inter-relação da fenomenologia remete-nos para a confluência histórica em que a fenomenologia de Husserl e as filosofias da existência vão se unir. Essa encruzilhada é que amplia a possibilidade de entendimento e articulação da filosofia da consciência com inúmeras outras fontes do Saber.

A consciência não seria só intencionalidade para alguma coisa, para o objeto, mas também o seria para outra consciência, a consciência do outro, o *alter-ego*; isso porque a intencionalidade define a consciência como direção para um *objeto intencional* e não para um objeto físico ou material. Isso quer dizer que os fenômenos psíquicos também são revelados em função da *relação intencional*.

A consciência do outro é dada à minha consciência como me é dado qualquer objeto visado em minha intencionalidade. Mas, enquanto ao objeto somente eu o viso, no caso do outro ele também visa com sua intencionalidade a minha consciência. Cada um é sujeito e objeto em relação ao outro. Eu procuro a essência do meu *alter-ego*, que é a sua existência; ele busca a minha essência, que é a minha existência.

Antes de prosseguirmos é interessante que se lembre, para evitar confusões, os significados atribuídos às palavras "outro" e *alter-ego*. O termo "outro" está usado aqui no sentido do "meu próximo", "outra pessoa", e não no de Lacan, pelo qual o "outro" está inscrito na gênese e na história do desejo. *Alter-ego* é termo usado por algumas escolas psicológicas para indicar aspectos reprimidos da personalidade. Aqui o usamos ao modo da fenomenologia, dando-lhe o sentido da alteridade, estado ou qualidade do que está no outro (na outra pessoa), tornando-o diferente e distinto de mim.

Neste ponto começa-se a perceber a presença das filosofias da existência na fenomenologia. O segundo período das idéias fenomenológicas iria inseri-las na problemática existencial do ser-no-mundo. Há, pois, uma intercomunicação de consciências, co-consciências, e a minha subjetividade e a do outro transformam-se em *intersubjetividades*.

Inspiram-se em Husserl os pensadores que se preocupam com o modo pelo qual a subjetividade de cada um vai ter acesso à subjetividade do outro.

O Homem não seria único e sim co-existente, e a verdade humana universal seria resultado da intercomunicação de consciências e subjetividades.

Existir é co-existir.

No psicodrama moreniano faz-se a fenomenologia da intersubjetividade e propõe-se o estudo do co-inconsciente e da co-consciência.

A intersubjetividade não consiste em uma situação estática de consciências que se comparam, mas sim em uma situação dinâmica de consciências que se interpenetram, se reconhecem, se conflitam, se relacionam. Veremos o reflexo desta afirmativa no conceito de Encontro proposto por J. L. Moreno.

A aproximação das filosofias da existência para a fenomenologia instaura nova dimensão nesse estudo, deslocando a temática da consciência de seu centro inicial. A ênfase vai se deslocar para a intersubjetividade. Como diria Gorman, a partir daí a fenomenologia descreve "como podemos agir conscientemente ao invés de como os indivíduos conscientes agem". Por sua vez, a fenomenologia, como teoria do conhecimento, com rigor de ciência, sem o ser positivo, obrigou a filosofia da existência a abandonar suas primitivas posições anticientíficas.

Husserl e Kierkegaard vão ser unidos em suas semelhanças a partir de Max Scheller e Heidegger.

Diria Luijpen (1973): "Assim surgiu o movimento de união do pensamento fenomenológico-existencial, de que são corifeus sobretudo Heidegger, Sartre (ainda que não em todos os sentidos), Merleau-Ponty e a Escola de Lovaina".

Então, temos que a fenomenologia existencial já não é a mesma de Husserl: atribui como meta de seu estudo o *ser* e não a *consciência*. Tal posicionamento vai facilitar a introdução do inconsciente nas preocupações da fenomenologia, mas sem que ele venha a ocupar lugar central. O *topos* principal continua sendo o do *ser*. Na fenomenologia, consciência e inconsciente cedem lugar à inter-relação e à interexperiência. Husserl falaria em co-consciência, e mais tarde Moreno falaria em co-inconsciente.

De qualquer forma, a intersubjetividade é condição e caminho para a objetividade.

Por tudo o que foi dito até aqui, o método fenomenológico constitui um grande atrativo para as ciências do psiquismo humano. Por ser um método aberto, não se conclui que seja caótico e desordenado. Pelo contrário, ele permite acompanhar um mundo em movimento com regras que impedem a cada um participação autoritária ou irresponsável.

Moreno (1973) tinha muita consciência disso quando, ao falar do seu teatro da espontaneidade, avalizou as palavras de Paul Portner:

> É digno de nota que o psicodrama nada tem a ver com o *happening* [...]. Ao contrário do teatralismo anárquico e amorfo que o *happening* cultiva até chegar ao delírio da moda, a intenção do psicodrama é uma autêntica organização da forma, da auto-realização criadora na ação, na estruturação do espaço, uma realização da inter-relação humana na ação cênica.

Da característica dinâmica do método

No dizer de Giles (1975), Husserl pretendeu uma "filosofia fundamentada no dinamismo intencional de uma consciência sempre aberta, tal fundamentação sendo antecedente a toda e qualquer sistematização".

Uma consciência sempre aberta é a *característica dinâmica* que permite à fenomenologia ser uma filosofia-ciência sempre em vir-a-ser. Seus termos não são definitivos, a busca do rigor não permite um acabamento. O fenômeno não pode, pois, receber uma interpretação final; ele vai sendo reconhecido à medida que sua análise progride, aprofunda-se, radicaliza-se. Cada etapa dessa análise não pode destruir as evidências precedentes. Cada nova descrição da realidade é mais exata, mais pura, sempre usando a interpretação anterior. As conclusões são sempre provisórias. O inacabar, longe de ser empecilho, é a própria definição da existência e é o que faz do método fenomenológico-existencial um método aberto.

Essa intenção amplia o interesse pelas pesquisas empíricas, mantendo-as sempre abertas a novas interrogações. É a postura moreniana: "uma resposta provoca cem perguntas".

A totalidade do universo do conhecimento existiria hipoteticamente, mas nenhuma descoberta poderia encerrá-lo de modo definitivo. Transposto para a psicoterapia, diríamos que um ciclo de tratamento será apenas um átimo de tempo num segmento maior da vida do paciente; a terapia, como processo, não definiria a complexidade de uma existência, em que pese a pretensão de alguns.

A obra de Husserl apresenta vários momentos, inúmeras passagens, que são utilizadas pelos autores, a cada passo, para definir a tarefa da fenomenologia na interface com as ciências psicológicas. Para Merleau-Ponty (1969) essa tarefa é a de propiciar ao sujeito "ver o mundo de novo", de outra perspectiva.

J. L. Moreno entendeu bem essa possibilidade e ofereceu, para isso, as cenas dramáticas em sua espontaneidade e criatividade.

Dos procedimentos didáticos

São eles: o exercício da "redução", a atitude "ingênua", a arte da "compreensão".

O exercício da "redução"

No estabelecimento da relação noético-noemática da intencionalidade, o método fenomenológico propõe colocar o mundo entre parênteses, isto é, suspender por um momento todas as conquistas culturais, no tempo e no espaço. Não significa negar a realidade do mundo exterior, mas tão-somente permitir que a experiência do ser humano seja dada ao que é autenticamente manifestado, sendo que o autenticamente manifestado não é apenas o ser pensado ou o ser pensante, mas ambos. Redução é o colocar todo o "mundo natural", o mundo fáctico e suas teses à parte, deixando de usar, como recurso didático, qualquer julgamento espaço-temporal (desse mundo nada se afirma, nada se nega).

A consciência sem pressupostos é que permite dar sentido ao fenômeno que se lhe apresenta puro e absoluto, permite dar sentido de forma imediata, antes de qualquer juízo ou reflexão, pela intuição enquanto apreensão clara e instantânea da verdade.

Naturalmente, a redução completa apresenta-se como uma impossibilidade, o que leva Merleau-Ponty (1969) à afirmação: "Eis por que Husserl sempre se interroga novamente sobre a possibilidade da redução. Se fôssemos o espírito absoluto, a redução não seria problemática".

Na relação eu-mundo, sujeito-objeto, restarão as essências, não no sentido das idéias platônicas, mas no sentido mesmo que lhes quer dar Husserl, o que é próprio e exclusivo do fenômeno, o que estaria nele numa autenticidade radical. Essa visão das essências é ateorética, isenta de explicações e causalidades.

O colocar o mundo "entre parênteses" traz consigo algumas contradições, mas não consiste em uma dúvida insolúvel. A proposta é a de que na apreciação do sujeito/objeto (para o qual também sou um sujeito/objeto) o meu referencial teórico-ideológico (e também o dele) não seja obstáculo para a percepção télica do outro, mas nada impede que os temas que compõem os nossos referenciais possam estar na pauta do diálogo durante o processo relacional.

No momento psicodramático da "redução" o profissional coloca-se, intelectualmente, como se nada soubesse a respeito de seu paciente. A cada expressão cênica haverá uma interrogação nova, uma reflexão diferente, propiciando o aparecimento das peças de um "quebra-cabeça" que mais à frente serão unidas no que Moreno chamou de "catarse de integração".

O labirinto a ser percorrido no decorrer das dramatizações é pleno de contradições e esquecimentos, e o herói será salvo pelo fio de Ariadne, que é a paciência e a pertinácia do terapeuta, somadas ao acolhimento do grupo.

A atitude "ingênua"

O método fenomenológico-existencial vai exigir de seu praticante uma atitude "ingênua" diante dos fenômenos, para que eles se mostrem por si mesmos.

O que é ser ingênuo nesse caso?

Do mundo que tenho diante de mim nada afirmo com idéias preconcebidas, nem com explicações psicológicas e científicas. Apenas interrogo, ouço, vejo, percebo e sinto. Também me interrogo, me ouço, me vejo, me percebo e me sinto; diante das informações desse mundo que chegam a mim, entedio-me, alegro-me, emociono-me.

Nesse momento desconheço o que aprendi, deixo de lado meus conhecimentos, evito a erudição. Entrego-me à intuição, que é individual, pessoal e, tanto quanto possível, deverá ser sempre criadora; permito-me a relação intersubjetiva; uso a intencionalidade para integrar-me aos universos que se abrem à minha participação naquele instante. Procuro um estado télico.

A atitude "ingênua" nos permite *ser a emoção* num plano irreflexivo ou pré-reflexivo. Exatamente ao contrário do exercício intelectual ou reflexivo do pensamento que nos leva ao conteúdo abstrato e conceitual. Pensar e refletir sobre o amor é *conhecer (ter)* a consciência do amor. Vivenciar e sentir o amor é *ser* consciência do amor. Em Buber isso se traduziria, respectivamente, pelo Eu-Isso e o Eu-Tu. A atitude "ingênua" estaria no Eu-Tu.

A arte da "compreensão"

A partir do que foi posto anteriormente, encontramo-nos diante da chamada *atitude compreensiva* da fenomenologia existencial.

É preciso atentar para o fato de algumas pessoas confundirem o termo "compreensivo" da fenomenologia com o ato de bondade, cortesia e polidês do interlocutor.

Também, vulgarmente, em nossa língua, compreender significa: conter em si, constar de, abranger, incluir, perceber, entender, conhecer as intenções de. A palavra foi usada pela hermenêutica com o significado de "intuição", "convivência empática", "vivência", "conteúdo de sentido e de valor" e, basicamente, é usada como uma apreensão mais alta do sentido, que ultrapassa qualquer explicação causal.

Por sentido ou significação devemos entender a conexão entre fatos e vivências intuídas pela afeição, que flui sem explicações de causa e efeito, em que as partes não subsistem sós, mas referidas a um todo. Assim, a vida psíquica será entendida em sua totalidade e nela poderão ser buscadas as relações de significação das partes, isto é, as relações compreensíveis.

A hermenêutica expressa-se em nossa época como "arte da compreensão", ou "doutrina da boa interpretação", com o objetivo de apreender o sentido de um acontecimento explicitado por fenômenos histórico-culturais, lingüísticos e por vivências e comportamentos pessoais.

O compreender ocupou, ainda, importante lugar ao lado do vocábulo "explicar", na divisão que Wilhelm Dilthey (1833-1911) fez entre ciências do espírito e ciências da natureza, atribuindo às primeiras um procedimento de compreensão descritiva e, às segundas, um procedimento explicativo. Vai como registro histórico.

"Temos, pois, que o método dos psicólogos explicadores é o mesmo do que se serve em seu campo o investigador da natureza", afirma Dilthey. E continua em outro trecho de sua obra:

O método da psicologia explicativa surgiu de uma extensão ilegítima dos conceitos naturais para o campo da vida psíquica e da história. O conhecimento da natureza se converteu em ciência quando se pôde estabelecer no campo dos fenômenos dinâmicos equações entre causas e efeitos. Esta conexão da natureza segundo equações causais tem sido imposta ao nosso pensamento vivo pela ordem objetiva da natureza representada pelas percepções externas.

O explicar, correspondendo aos princípios da causalidade, exigiria um distanciamento, um tempo e um meio para a formação do entendimento.

Para o compreender ressalta-se a necessidade da ocorrência imediata, intuitiva e afetiva do entendimento, o que "fazemos mediante a cooperação de todas as forças sentimentais na captação dos nexos do *todo*, que se nos apresenta de maneira viva, permitindo-nos apreender o que é singular".

Em seu escrito *Introdução às ciências do espírito* (1945), no qual, a partir de seus próprios textos, as ciências do espírito passaram a ser chamadas de ciências histórico-culturais ou ciências do homem, Dilthey refere-se ao princípio de que a sociedade tem de ser estudada em função da natureza humana, a qual teria peculiaridades psicológicas que a distinguiriam radicalmente das ciências físico-naturais; assim, os métodos de estudo de uma não serviriam para a outra, mas, ao contrário, dariam-lhes autonomias próprias.

Ainda com a intenção de clarearmos bem a noção do compreender, recorro a Karl Jaspers que nos alerta para o erro em se sugerir o psíquico como o setor da compreensão e o físico como o setor da explicação, pois os próprios fatos psíquicos podem, em determinada situação, subordinar-se ao explicar.

Dartigues (1973) vai mais além esclarecendo-nos que a compreensão poderá atingir o mundo inanimado, como transcreverei a seguir:

> Observaremos, pois, de início, que convém falar de compreensão quando o fenômeno compreender é animado por uma intenção. Não diremos de um geólogo que ele procura compreender uma pedra; sua tarefa será somente a de analisar sua composição e determinar a época de sua formação, investigar sua proveniência etc. Bem diferente será, ao contrário, a atitude de um arqueólogo ao encontrar um sílex lascado da idade paleolítica: o sílex não remete às leis físico-químicas e geológicas, como todas as pedras, mas à intenção do homem pré-histórico a que servia de ferramenta. Não temos mais a ver, conseqüentemente, com um objeto natural, mas com um objeto cultural dotado de uma significação, porque a forma que lhe foi dada trai a intenção do artesão. Desse objeto diremos que deve ser compreendido, isto é, situado no meio humano que lhe dá sentido, que materializa nele a intenção em direção à qual procuraremos remontar. O pesquisador estará, aliás, tanto mais consciente do caráter significante do objeto, quanto menos desvendada, ainda, estiver essa significação; o

> objeto se propõe a ele como um enigma, isto é, como uma questão dirigida ao autor ausente que deixou sobre sua obra o vestígio de uma intenção desaparecida: o que quis ele dizer? Ora, se já o artefato deve ser compreendido porque uma intenção se revela através dele, quanto mais deverão sê-lo os comportamentos que nos propõem, não mais objetos, mas os próprios sujeitos. Por mais afastados ou diferentes de mim que sejam esses sujeitos, considero, pelo fato de serem humanos, logo racionais, que o seu comportamento pode ser compreendido porque exprimem uma intenção que me é acessível. Compreender um comportamento é percebê-los, por assim dizer, do interior, do ponto de vista ou intenção que o anima; logo, naquilo que o tornou propriamente humano e o distingue de um movimento físico.

Daí por que Moreno se permite falar em Tele para objetos.

Na psiquiatria, de modo geral, e nas psicoterapias, a aplicação deste capítulo da hermenêutica coloca em evidência o sentido humanístico de sua inspiração. Seus supostos básicos têm contribuído para humanizar a psicologia, exigindo do profissional maior e melhor compreensão da alteridade, o que de um lado esclarece e ilumina os meandros diagnósticos e, de outro, dá elementos para o tratamento dentro de uma visão globalizante e efetiva.

Laing (1973) afirma: "Por compreender entenda-se amar". Essa disponibilidade afetiva, na prática psicoterápica, exige do profissional que isso ocorra ao nível do Tele e não de necessidades transferenciais. Cuidar (= curar) do paciente sem a preocupação de explicá-lo ou rotulá-lo, sem a intenção de registrar sintomas ou valorizar patologias, amando-o telicamente, é o caminho, o método da atitude compreensiva.

Formas de "compreensão"

Temos, apoiados em Jaspers (1973b), já citado:

- *Compreensão fenomenológica* propriamente dita é a que permite, pelo método fenomenológico, a captação das "vivências", sem uso de explicações, pretendendo-se uma informação, a mais clara e exata possível, da experiência vivida subjetivamente. Fundamental, em termos das psicoterapias, corresponde ao *o que* e ao *como* da vivência e não ao seu *porquê*.

Em vários momentos, de alguma forma, ainda se lança mão de outros modos de compreensão.

- *Compreensão genética* (refere-se à gênese) é a busca de conexões, não obrigatórias, de causa e efeito, para tornar inteligível a continuidade da corrente de vivências.
- *Compreensão "como se"* é a busca das relações das vivências reais, pelas tramas do imaginário, do simbólico, em que o jogo e o lúdico são importantes procedimentos de investigação e vivência.
- *Compreensão penetrante* é a tentativa de ver "além de", geralmente por intermédio de hipóteses que devem receber uma contraprova de sua validade (interpretação analítica).
- *Compreensão intelectual* é a pretendida com o uso da lógica e da racionalidade.
- *Compreensão existencial* é a que usa uma abordagem filosófica para o conhecimento das vivências. Os conceitos de liberdade, autenticidade e outros são usados como forma de esclarecimento: as "situações-limite" de Jaspers estão nessas categorias vivenciais (a morte, a doença, o sofrimento, a culpa, a guerra, a loucura).
- *Compreensão expressiva* é a que permite a percepção imediata do significado psíquico por meio dos movimentos, da mímica, das formas, da ação e da expressão estética.
- *Compreensão estática* é a que apenas detecta as qualidades dos estados e dos estágios psíquicos na forma em que são percebidos naquele momento.
- *Compreensão metafísica* é o entendimento dos fatos como linguagem do Absoluto, fora, pois, da prática clínica.

Antes de continuarmos, é importante assinalar que o método explicativo-causal foi primordial no campo da psiquiatria porque, historicamente, permitiu a superação das idéias mágico-religiosas e porque, ainda, deve ser usado em determinado momento do trabalho profissional, principalmente no estudo do diagnóstico clínico. Diante de um sintoma clínico ou de um comportamento atípico deve-se buscar a causa: orgânica, funcional, psicológica, ambiental, econômico-social ou antropológico-cultural.

Por sua vez, a postura compreensiva estará sempre presente, inspirando os relacionamentos autênticos, as fases psicoterápicas dos tratamentos psiquiátricos, a compreensão, enfim, do modo-de-ser do indivíduo, seja na sua vida regular e saudável, seja na vigência de lesões, disfunções, distúrbios da emoção e desvios do comportamento. Não há possibilidade de isolar ou de querer anular um dos métodos. As duas modalidades – compreensão e explicação – não se excluem; pelo contrário, podem se completar. Somente o momento propício de seu uso é que deverá ser oportunamente escolhido.

Mas é importante fazer-se as diferenças para que possamos, nós, os psicoterapeutas, ter bem clara a fonte que nos inspira o mister.

Assim, enquanto o método explicativo-causal, das ciências físico-naturais, apela para a percepção sensorial e suas expansões suplementares, para a indução e a dedução, e para a reflexão intelectual, o método compreensivo, das psicoterapias, apela para a intencionalidade, a intuição e a intersubjetividade da fenomenologia, que são o "amor" de Laing e o Tele de J. L. Moreno.

Dos postulados do método

Na altura deste relato já podemos resumir os postulados fundadores das propostas fenomenológico-existenciais. Eles vão se referir ao modo ou maneira como os fatos e fenômenos são visados.

- Com a certeza de que cada ser humano não pode existir isolado ou sozinho. Cada um só existirá se puder se relacionar com o outro, formando vínculos e resultando no que J. L. Moreno chamou de "átomo social" e "rede sociométrica". O projeto existencial só é possível na presença de outros. O conceito clássico de alteridade está na obra de Buber.

- Com a perspectiva do "vir-a-ser", em que não haveria teorias acabadas, mas sempre redescobertas e redefinidas.
- Com a idéia de multiplicidade de percepções, significações e interpretações.
- Com a proposta de permitir à pessoa a experiência radical da identidade, da individualidade, da singularidade, das dificuldades, das possibilidades e das potencialidades em seu existir.
- Com a negação de se enquadrar o Homem Concreto e Singular em categorias, classificações e modelos teóricos generalizadores.
- Com o compromisso de participação e buscas que possam resultar em testemunho vivo e compartilhado em convivência existencial dada na relação.
- Com a certeza de que a relação homem-mundo faz-se em vários tipos de experiências: estética, psicológica, psicodramática, psicanalítica, política, econômica, étnica, religiosa, não podendo nenhuma delas ser privilegiada como a única que dá sentido.
- Com a idéia de que em sua história o ser humano passa por dois processos distintos: o da "hominização", que o determina na plenitude de sua história biológica; e o da "humanização", que o inicia no projeto psicossociocultural da humanidade.

O método fenomenológico-existencial e o humanismo

Quando se fala em método fenomenológico-existencial, pergunta-se sempre quais suas relações com o chamado "humanismo", enquanto posicionamento ético do homem e da sociedade da qual participa.

A resposta é imediata: as filosofias da existência e a fenomenologia participaram de forma vigorosa nesse movimento por meio de seus expoentes, como Kierkegaard e Sartre, para citar apenas dois nomes, contribuindo com seus conceitos, seu método e sua práxis na formulação de critérios de valores que marcam a "condição humana".

Mas elas não são as únicas vertentes do pensamento que fazem essa contribuição. Materialistas ou idealistas, atéias ou religiosas, cristãs ou marxistas, inúmeras são as concepções filosóficas e doutrinárias com idêntica preocupação.

O objetivo do humanismo, no somatório das intervenções, seria colocar o ser humano no centro das atenções de todas as ideologias, buscando aperfeiçoá-lo com espírito crítico e confiança, aproveitando-se ao máximo as forças biológicas, psicológicas, sociais e espirituais que se convergem sobre ele, em seu processo civilizatório.

Do ser humano, no entanto, não se afastam as contradições, as claudicações, as fragilidades; pelo contrário, será desses pontos reconhecidos que se buscará construir o ser humano forte, em liberdade, em dignidade, em direitos e, afinal, em respeito à pessoa distintiva que é.

A frase atribuída a Terêncio (75 d.C.), "Homo sum: humani nihil a me alienum puto", tem servido como lastreadora das posições humanistas e em tradução livre nos diz: "Nada que seja humano me estranha". O lema vem parafraseado através dos tempos, chegando-nos com o mesmo sentido na afirmação de outros autores, como a expressão: "Nada que é humano me escandaliza".

Comentário sobre as críticas à fenomenologia

Pode-se dizer que não há contestações definitivas e cabais à fenomenologia, mas não podemos deixar de reconhecer o encadeamento de inspirações críticas que passam por Sartre, Saussure, Lacan, Derrida, Merleau-Ponty, Badiou, Eric Alliez, Deleuze, Guattari, Foucault.

Jacques Derrida, filósofo francês, falecido no ano de 2004, que se intitulava "amigo da psicanálise" e "não-psicanalista", para ter maior liberdade de estudá-la e criticá-la, também sendo estudioso da fenomenologia transcendental de Husserl com fino espírito de observação, colaborando para o seu aprimoramento conceitual, ocupa um lugar especial nessa discussão sobre possibilidades e impossibilidades da fenomenologia.

Jacques Lacan, conhecedor arguto das idéias fenomenológicas, muitas das quais foram por ele absorvidas em sua prática analítica, fez reparos críticos a vários conceitos, sobressaindo-se o que foi feito aos termos "compreender" e "compreensão", pelo risco de o analista vir a estabelecer pressupostos antes mesmo de vir a conhecer integralmente o pensamento do paciente. Aí estaria a base dos equívocos nas relações humanas.

Trata-se de estudos que escapam à especulação de quem não seja filósofo, porém, mesmo para os que são meros clínicos, é pertinente a frase de J-F Lyotard (1968): "Temos todos Husserl por trás de nós, deveríamos saber o que isso quer dizer".

– 4 –

AS CATEGORIAS FENOMENOLÓGICO-EXISTENCIAIS PRESENTES NO DISCURSO MORENIANO

A título de iniciação aos temas deste capítulo, devemos lembrar que as psicoterapias de base fenomenológico-existencial procuram, a partir da análise existencial de Ludwig Binswanger (1881-1966), que por sua vez inspirou-se em Heidegger e Freud, o sentido da vida e da luta do ser humano e os elementos que possam dar-lhes, às psicoterapias e aos homens, condições para essa compreensão. Pretendem ter uma dimensão maior, além dos níveis psicológico e psicopatológico, estabelecendo como meta a busca de referências éticas, espirituais, filosóficas e axiológicas. Surgiram como oposição ao determinismo das terapias chamadas científico-naturalistas ou explicativo-causais.

Com lastro na leitura de Binswanger (1973) podemos resumir os pressupostos dessas psicoterapias em cinco itens:

- investigar a história vital do paciente, de modo que compreenda sua biografia e suas particularidades na modificação da estrutura do ser-no-mundo;
- propiciar ao indivíduo a experiência, tanto quanto possível, de uma vivência que lhe indique quando, em que e onde tem falhado sua estrutura humana;
- não fazer do sujeito um objeto, mas ver nele um par existencial; estar com ele por meio da "transferência" de Freud, do "encontro" de Buber e do "Tele" de J. L. Moreno;

- entender os sonhos como um modo especial de ser-no-mundo, propiciando ao sujeito recobrar seu viver a partir da existência onírica;
- não prescindir das várias técnicas psicoterápicas desde que elas possam ser terapeuticamente eficazes, na medida em que abram a compreensão da estrutura da existência humana, pois a finalidade é tirar o paciente do seu-modo-de-existência neurótico, psicótico, extravagante, atormentado, ajudando-o a atingir a liberdade de dispor melhor de suas possibilidades humanas.

Um adendo torna-se necessário. A filosofia e a fenomenologia ditas rigorosas ou puras são aquelas abordadas pelo viés da transcendentalidade. Ao clínico, em sua prática, interessam as manifestações empíricas. E aí ficam claras as deduções dos estudiosos: qualquer tipo de psicoterapia não pode ser filosofia ou fenomenologia puras.

Moreno também pretendeu que cada sessão psicodramática fosse uma experiência existencial e pudesse oferecer informação válida para uma sólida teoria existencial. Assim, vamos ver, presentes em sua linguagem, categorias básicas das filosofias da existência, bem como pressupostos e preocupações das psicoterapias de base fenomenológico-existencial.

Por meio do discurso moreniano nos é dado entender e ver ampliados conceitos fundamentais do método fenomenológico-existencial, tais como: Existência, Ser, Temporalidade, Espaço, Encontro, Liberdade, Projeto, Percepção, Corpo, Imaginário, Linguagem, Sonhos, Vivências, Cura (*Sorge*), Biografia.

Existência/ser

O termo "existência", no sentido filosófico, toma as formas vernáculas que melhor traduzem o ato de filosofar de cada autor.

Em Heidegger (1889-1976), ele é *Da-sein*, literalmente traduzido por "ser-aí", o ser-que-é-existência, porque ele só pode explicar-se pela sua existência. O ente é ser quando é existência.

Citado por J. H. Santos (1962), o próprio filósofo esclareceu que considera *Da-sein* a palavra-chave de seu pensamento, e a quase impossível tradução francesa seria *être-le-lá*, significando: desvendamento, abertura, o lugar onde o ser se desvenda. E este lugar é o ente, o indivíduo. Desvendamento e abertura que o são para o outro.

Não é à toa que "existir" vem de *ex-sistir*, e *ex* significa estar aberto para o outro, doando-lhe significado, confirmando-o em sua existência; confirmação no sentido de mostrar-lhe a minha autenticidade e sentir, tolerar e permitir a autenticidade do outro, diversa da minha.

Aproveitamos para lembrar que Heidegger adotou a fenomenologia como possibilidade metodológica, associando-a à linguagem kierkegaardiana. Sua preocupação inicial é o "ser-no-mundo", mas o mundo de que fala não é o dos naturalistas (*Umwelt*), e sim o mundo próprio do indivíduo, do indivíduo em relação consigo mesmo (*Eigenwelt*), e o mundo da relação, com o qual o indivíduo compõe uma "unidade primária indissolúvel", o mundo-com (*Mitwelt*). Assim, em tese, poder-se-ia investigar e conhecer o ser humano pela exploração do seu mundo ou de sua forma de "ser-no-mundo". Em Heidegger, método é caminho que se inicia e se esgota na questão do ser e da existência, iluminado pela atitude fenomenológico-existencial.

Em Kierkegaard (1813-1855), pensar a existência seria um paradoxo, pois ela seria irredutível ao pensamento. O filósofo propõe pensar o paradoxo. Para ele, existir é escolher e apaixonar-se pela escolha, mantendo-se na permanente tensão entre o finito e a transcendência. A verdade estaria no subjetivo do ser existente, a objetividade seria apenas uma incerteza que o subjetivo é capaz de apreender.

Ao ser que é apenas um exemplar, simples unidade numérica da espécie, designava como indivíduo, e denominava Indivíduo, com inicial maiúscula, ao ser humano que existe por escolha, exercendo a "vontade de liberdade" que lhe é categoria existencial profunda. A existência é caracterizada pelas situações concretas da determinação e a ação da escolha qualifica o Indivíduo. Não deixou de valorizar a

54 • Wilson Castello de Almeida

universalidade e a objetividade, mas nunca ao preço de sacrificar o indivíduo em sua subjetividade.

Diga-se de passagem, Moreno é sensível à questão, pelo que propõe:

> Dois princípios contraditórios atuam na investigação terapêutica. Um deles é o representado pelas situações extremamente subjetivistas e existenciais do indivíduo; o outro, pelas exigências objetivas do método científico. O problema reside na maneira de conciliar estas duas posições extremas. A sociometria e o psicodrama definiram este problema metodológico e tratam de resolvê-lo.

A solução seria permitir ao indivíduo viver o seu subjetivo no contexto psicodramático de modo que o torne "quase objetivo", passível de ser apreciado pelas técnicas sociométricas. O psicodrama permitiria vivenciar, em um mundo *sui generis*, no "como se" do contexto dramático, todas as formas de comportamento e toda existência subjetiva, a profética e a desviada da norma, que assim passariam a ter "um lugar" para realizar-se e, por acaso, transformar-se, protegidas das regras socioculturais dominantes, com manutenção da individualidade.

A proposta é revolucionária. Refletir sobre ela é tarefa de comprometimento que supera o simples lidar com técnicas psicoterápicas: objetivar o subjetivo na arena psicodramática.

Em momento algum devemos identificar a individualidade proposta pela filosofia com o individualismo competitivo que tem caracterizado algumas civilizações. A competição individual, o "levar vantagem" do mundo ocidental nada tem a ver com a busca do direito individual de fazer opções de liberdade. Não há incoerência em Moreno quando propõe fazer psicoterapia de grupo exaltando a individualidade kierkegaardiana. Foulkes diria que o bom grupo terapêutico "produz, desenvolve, cria e alimenta um precioso produto: o indivíduo humano".

Em Kierkegaard, a forma reveladora da subjetividade seria a dialética, a dialética entre opostos ou dialética dos opostos, em que não há lugar para a síntese. O ser humano abrigaria uma ambigüidade ontológica que permite conviver em um mesmo conceito existencial realidades contraditórias, numa dupla determinação: vida e morte, amor e ódio, inocência e culpa, querer e não querer, certeza e incerteza, paz e sofrimento, alegria e tristeza, ternura e agressividade. São realidades encarnadas uma na outra, reconhecendo-se uma na outra. A síntese final é buscada, mas a finitude do homem não permite sua realização. Em seu lugar, a angústia. A existência é contradição insuperável. Apenas tese e antítese permanecem uma na outra. Kierkegaard propõe que se viva apaixonadamente essa ambigüidade, reconhecendo-a concretamente como prerrogativa humana.

Se no plano das ideologias a dialética kierkegaardiana pode ser contestada, no plano psicológico ela atende à observação e à expectativa, hoje do pensamento ocidental, que a meditação oriental já estampara em seus milênios de sabedoria. Atualmente a psicologia defende a idéia de que o Bom e o Mau precisam encontrar os termos de convivência no ser humano para fazê-lo socialmente integrado, operativamente eficiente e individualmente feliz.

Freud estabeleceria a dialética da pulsão e da razão, conflito permanente que, à semelhança dos conflitos kierkegaardianos, também não encontra sua síntese.

O filósofo antecedeu ao psicólogo. Depois dele a psicanálise apontou o desejo como fonte imperecível de nossas ambigüidades e contradições. É do desejo que nascem a espontaneidade e a criatividade. É dele também que nascem a conserva cultural, ordenadora de nosso comportamento. Mas, como o filósofo, o psicanalista concluiu pela impossibilidade em se atingir o desejo na plenitude de uma satisfação total.

O exercício da psicoterapia ensina ao paciente e ao terapeuta a prática da virtude da paciência, dando-se conta da fragilidade do humano para tolerar e condescender. Daí por que trata da onipotência, do orgulho e da vaidade, num plano que só tem paralelo entre os que se dispõem ao despojamento – tarefa, sem dúvida, difícil, porque exige a capacidade da resignação.

Não há incoerência ao se falar em resignação dentro de um movimento libertário que são as psicoterapias. Resignar-se diante das limitações autênticas; rebelar-se contra a hipocrisia, a mentira e o engodo.

Kierkegaard coloca ainda a angústia como categoria psicológica inerente à condição humana, mas não acredita que a psicologia possa superar essa limitação, esgotando o seu estudo. Onde a ciência termina, a dogmática se faria presente. Propõe a sua "aprendizagem" objetivando o saber supremo. Na mitologia bíblica de Adão e Eva vai buscar a gênese da angústia, afirmando que o mito traduz uma ação interior. Ela seria então o limite entre a inocência e a culpa, a obediência e a desobediência. Diante de uma situação de pura possibilidade e liberdade, coloca o ser humano na condição de fazer a sua própria realização ou de negá-la. A ambigüidade mais profunda seria exatamente a de amar e temer a angústia. Viver apaixonada e serenamente essa ambigüidade seria viver um processo auto-educativo que levaria o homem à sua maturidade final, dando à vida um valor definitivo que é lançar-se do heroísmo do cotidiano ao heroísmo cósmico a serviço de Deus.

Kierkegaard declarava-se antiintelectual, antifilósofo, adversário de sistemas e escolas, e, por acreditar que a verdade é múltipla e contraditória, escrevia sob diversos pseudônimos, procurando transmitir o significado da existência, diga-se de passagem, da *sua* existência, pois seu pensamento é vinculado inextrincavelmente à *sua* vida. De onde, historicamente, as filosofias da existência retiram a temática e os conceitos fundamentais, ainda que esses venham sendo submetidos a várias interpretações. Ainda assim, Kierkegaard é considerado exemplo vivo das próprias idéias.

Na VI Conferência, Moreno (1967) diria:

> Ser é algo que não tem fronteiras; não reconhece como limites o crescimento e a morte, os inclui. Estende-se no tempo e no espaço e se centraliza "nesta" pessoa, "neste" momento e "neste" aqui. Ser e saber são inseparáveis. "Ser" no sentido corrente da palavra não requer o saber. Mas a recíproca é coisa absurda. "Ser", nesse sentido, é precondição do saber. A partir do saber nunca poderíamos alcançar o "ser".

E nesse mesmo texto diria de sua admiração por Kierkegaard, embora lhe fizesse restrições por não ter sido capaz de conduzir a um fim vitorioso as situações essenciais de sua vida, revelando-se, nas "fantasias" de seu diário, um psicodramatista frustrado. Mas reconhecia que o filósofo teria tido um grande êxito: "ser sincero consigo mesmo, analisar sua própria existência e revelar suas deficiências ou defeitos, bem como levar uma vida pessoal de acordo com sua verdade subjetiva". E propôs sua reabilitação pelo psicodrama, tarefa que entendo como um desafio para a utilização da técnica psicodramática com a finalidade de se permitir viver em plenitude as inquietações psicológico-existenciais do indivíduo, de modo que não fiquem estratificadas nas páginas de um diário.

Como se vê, Moreno não abraça pura e simplesmente as idéias do filósofo; valoriza-as naquilo que parecem adequadas e úteis para a psicoterapia: a paixão e o sofrimento humano não são superados pelo saber; é preciso vivê-los na práxis, no emocional, porque só as idéias não promovem mudanças.

Como afirmaria Sartre (1971), mais tarde: "Esta [a ideologia da existência], com efeito, considera que a realidade humana, na medida em que *se faz*, escapa ao saber direto". E foi Sartre, ainda, que construiu a frase tão difundida: "Não importa o que fizeram de mim, importa é o que eu faço com o que fizeram de mim".

Temporalidade

"Aqui e agora" – situação – momento

O tempo é memória – define o passado; é corpo/espaço – define o presente; e é imaginação – define o futuro. No estudo que a filosofia faz do tempo, várias são as posições dos pensadores, das quais não me ocuparei em explanar nos limites deste trabalho. Procurarei, apenas, entender a expressão "aqui e agora", que é largamente utilizada em quase todas as formas de psicoterapias e constitui conceito fundamental na teoria do momento de J. L. Moreno.

Conforme nos ensina Pierre Weil (1978), "foi Moreno, em 1914, quem insistiu na possibilidade e necessidade de acrescentar à terapia a segunda dimensão do tempo, que é o presente", e, se hoje isso é prática adotada amplamente, não se pode deixar de creditar-lhe esse pioneirismo.

Jean Wahl (1962) registra que o futuro seria o momento essencial do tempo para os filósofos, inspirando a primeira categoria temporal que é a do possível e do projeto. Mas é esse mesmo autor que nos alerta para o fato de o tempo, em Husserl, ter como momento essencial o presente.

E Moreno concorda com Husserl quando afirma:

> Tenho apontado que o tempo tem outras fases importantes, uma das quais é o presente [...]. Já no meu primeiro livro em 1914 comecei a colocar ênfase no momento, a dinâmica do momento, o aquecimento do momento, a dinâmica do presente, "o aqui e agora", e todas suas implicações imediatas pessoais, sociais e culturais.

E propõe-se a discutir a categoria do momento, negando-a como uma abstração matemática, "teoricamente estéril e pragmaticamente inútil", somando-a à noção de espontaneidade e criatividade, em um universo aberto, onde haja mudanças e crescimentos. "A categoria do momento só tem significado em um mundo aberto, isto é, num universo em que tem lugar a mudança e o novo. Em um universo fechado, pelo contrário, não há momento, e com sua ausência não há crescimento, espontaneidade, nem criatividade."

Antes de registrar a visão moreniana do "aqui e agora", proponho repassar esses conceitos como se apresentam dentro das idéias da fenomenologia e das filosofias da existência.

O aqui deve ser identificado com situação, termo indicativo do lugar ocupado pelo ser humano comprometido em uma realidade.

O agora será identificado com o tempo pragmático, do relógio e do calendário.

Assumir o aqui é tomar consciência da minha historicidade, que não é simples narração de fatos seqüenciais, mas a consciência de que sou uma unidade com a existência, de que estou em certo lugar no tempo e no espaço, de que efetivamente participo da existência.

Assumir o agora é tomar consciência do tempo científico, que se constitui num bloco sucedendo ao outro até o infinito.

O agora é inautêntico, em linguagem heideggeriana, porque escamotearia o meu não-ser, a minha morte. Nele vivo o dia-a-dia, o cotidiano, as emoções corriqueiras, os afetos singulares, as eventuais paixões, os conflitos de ordem psicológica, as contradições de ordem existencial.

No agora se armazenam todas as minhas vivências passadas e todo tipo de aprendizagem, e nele também se elabora todo o meu projeto futuro, minhas perspectivas psicológicas e biológicas para o amanhã. Futuro e passado se entrelaçam e se modificam no presente, em função da minha trajetória, do meu autoconhecimento, das minhas escolhas. Futuro e presente estão dentro do homem, agora. E deixam-no perplexo pelo que foi e pela expectativa do que será. Só a coragem, a fé, a capacidade criadora, a vontade, as "forças do ego" e os papéis bem desenvolvidos evitarão o medo pelo devir.

Mas o agora tem como contraponto o instante. O instante indica que vivo com autenticidade, isto é, com consciência da minha finitude. Se passo por reflexão profunda, resultando decisões fundamentais, permitindo-me fazer uma escolha existencial significativa, estarei vivendo o instante.

O momento terapêutico é rotineiramente do "aqui e agora", mas, superadas as preocupações da dinâmica psicológica, individual ou grupal, ele poderá se transmudar para o "aqui e instante", momento de decisões "definitivas", momento moreniano dos santos, profetas e heróis.

O "aqui e agora" define as emoções atuais, desvela no presente os afetos estruturados no passado, atualiza e presentifica o que é transferencial na relação e se abre ao Tele.

Diz-nos Moreno em *Psychodrama: foundations of psychotherapy* (1975):

> O aqui e agora da existência é um conceito dialético. A única maneira em que os percebidos passados e percebidos futuros existem é no aqui (este lugar) e no agora (este momento). O aqui e agora podem ter

existido em numerosos passados e podem estar alimentados em numerosos futuros. O único oposto autêntico ao aqui e agora é o conceito do nada total, do não-aqui e o não-agora, o não-passado e o não-futuro, o não-eu e o não-tu, isto é, o não-viver. O aqui e agora é uma categoria existencial somente para o herói, por exemplo, o "santo heróico", que está situado em forma ininterrupta no fluxo da vida. Para ele, o aqui e agora não é hipótese, mas é vida. É o que é *in actu* e *in situ*. Ao contrário, é uma hipótese para o "sonhador" que não está na coisa em que quer estar, mas fora dela (*"das Ding ausser sich"*). Este necessita uma convalidação científica da esperada experiência e dos projetados sonhos [...]. O aqui e agora é, portanto, uma hipótese para o sonhador ético e para o pecador. Mas para o santo de absoluta santidade o aqui e agora não tem significado psicológico. É coisa resolvida e se tem transformado em parte de sua vida cósmica. Está colocado acima do sonho e da realidade, do consciente e do inconsciente.

Entendo que o conceito do "aqui e agora" como categoria existencial sem necessidade da convalidação psicológica, realizando-se somente na vida dos santos e dos heróis, pretende ser o "aqui e instante" a que me referi anteriormente, pois o instante é que funda a presença autêntica e traduz o momento de se tomar uma decisão e com ela a responsabilidade da existência.

Para o ser humano comum, o seu "aqui e agora" requer o amparo da ciência, necessita da psicoterapia para convalidá-lo, isto é, para restabelecer-lhe a verdade. As psicoterapias são hoje o grande ambiente das convalidações. Assim, o contexto psicodramático ofereceria esse especial momento, permitindo ao sonhador e ao pecador viver a temporalidade como unidade do fenômeno tempo, estruturada pelo futuro-passado-presente.

Em Moreno, o tempo, o momento, o "aqui e agora" é uma folga, um lapso, um repouso, uma "parada" fugaz, com identidade própria, não se comprometendo isoladamente com o passado, presente, futuro, mas contendo-os.

No psicodrama será possível a revivência de acontecimentos provindos da matriz de identidade original, bem como o fortalecimento de papéis para perspectivas futuras; tudo no aqui e agora do contexto dramático. No projeto de papéis encontramos as noções de possibilidade, potencialidade e crescimento.

A teoria do momento é, pois, o "aqui e agora" das filosofias de existência. Dentro do que é próprio do seu espírito inventivo e prático, Moreno critica a linguagem elaborada do filósofo e propõe a práxis. A teoria do momento estimula a vivência, em determinado lugar, em determinado momento, com determinada palavra, de determinado homem, ou, dialeticamente: "O lugar indeterminado, a palavra indeterminada, o homem indeterminado". No "aqui e agora" do momento ou no momento do "aqui e agora" deverá ocorrer o ato criador; o ato do nascimento, a ação psicodramática tornando-se terapêutica. É nesse lapso de tempo "concreto" que pensamento, sentimento e ação se transformam em uma mesma e única atividade, fundidos à semelhança do espaço-tempo-energia da física.

Propondo "concretizar" o momento, Moreno o faz do ponto de vista fenomenológico (a vivência subjetiva objetivada) e funde-o ao ato criador, condicionando-o aos estados espontâneos, chamando-o, ainda, de "tempo espontâneo" ou "estrutura primária do tempo".

Se passado e futuro são ausentes ou inexistentes ao exame objetivo, na subjetividade fenomenológica, na psicodramatização, eles existem, são presentes, são sentidos e vividos. O psicodrama permitiria a vivência do que é teórico para a fenomenologia: a temporalidade não é somente soma de "agoras", mas é presença de fenômenos, é fluxo único, é a minha existência. E a existência é relação. O tempo em Moreno exige a presença do outro. O momento, o "aqui e agora" existe numa inter-relação.

O "neurótico", que em terminologia moreniana tem o comportamento escravo da "conserva cultural" porque perdeu a espontaneidade-criatividade, tem dificuldade de viver o agora, o momento. Costuma apegar-se a um lapso de tempo do passado, estratificando-o, cristalizando-o, tornando-o mais importante do que o presente; ou então toma o futuro com fantasias que não se diluem em tempo hábil, sobrepondo-as mais uma vez à realidade do presente. Em ambos os casos ele falsifica o fluxo das vivências, negando o que realmente se é, ao que Sartre denominaria "má-fé".

Viver o passado e o futuro no contexto psicodramático é possibilitar a quebra dessa cristalização dos que estão presos no passado e a pulverização da imaginação fantasiosa dos que vivem exclusivamente no futuro, permitindo ao sujeito voltar a viver o presente que é a sua realidade. O mergulhar-se na improvisação dramática restitui ao indivíduo sua capacidade de criação no "aqui e agora". As psicoterapias pretendem que o futuro não seja apenas o cultivo de fantasias e hipóteses remotas, mas que, com a superação das limitações neuróticas, possa ser vivido hoje.

Espaço

A noção de espaço desenvolveu-se na história do pensamento humano até chegar ao relativismo de Einstein, em que não passa de uma forma de intuição, inseparável da consciência do sujeito cognoscente, como as noções de forma, cor, volume. Não há um espaço absoluto, independente das coisas que o ocupam e do sujeito que as percebe. A realidade do espaço se esgota no relacionamento entre as coisas e, bem assim, entre as coisas e a consciência que as conhece.

Na fenomenologia recebeu a atenção de Heidegger (1962), para quem existência e espaço se confundem.

> A espacialidade do Da-sein (ser-aí, existente humano), porém, resulta da preocupação e do projeto, pois as noções de proximidade e de distância, de afastamento e de aproximação, devem compreender-se de um ponto de vista ontológico-existencial, pois quem afasta ou aproxima é Da-sein que, ao projetar-se, espacializa a própria existência. Pode-se estar mais próximo de uma pessoa que nos preocupa e que se projeta rever do que do vizinho em relação ao qual se é indife-

rente. O espaço não está apenas no sujeito, nem tampouco no objeto somente, mas na própria existência, cuja característica ontológica fundamental é ser ou estar no mundo.

E podemos complementar com texto de Monique Augras (1978):

> O mundo é aqui entendido exclusivamente como sítio humano, orientado e dimensionado pelo homem [...]. No espaço da coexistência, os homens tecem redes que os aproximam e os afastam, organizando o mundo de maneira a assegurar áreas recíprocas de movimentação. Em termos de vivência, o espaço tridimensional revela-se como intuição fundamental, construída a partir da movimentação do corpo, sentido no centro.

Essa categoria fundamental da fenomenologia também é preocupação de Moreno, que, no entanto, propõe a superação da tridimensionalidade, por meio do contexto dramático. Diz ele:

> O espaço tem sido também quase totalmente descuidado em todas as psicoterapias, não na semântica, mas novamente como parte do contexto terapêutico [...]. Ao entrar no consultório em que se pratica qualquer das formas correntes de psicoterapia encontramos somente uma cadeira. O espaço em que o protagonista experimenta seus traumas não tem lugar neste enquadre. A idéia de uma psicoterapia do espaço tem sido engendrada pelo psicodrama, baseado na ação, e que trata de integrar todas as dimensões da vida [...]. Se um paciente entra no espaço terapêutico, insistimos na descrição, delineação e atualização do espaço em que a cena vai ser apresentada; suas dimensões horizontais e verticais, os objetos que nela se enquadram, suas distâncias e relações entre si.

Esse tratamento, dado por Moreno ao espaço, no psicodrama, transcende à tridimensionalidade e permite a concretização do espaço subjetivo, fenomenológico. Com isso se substitui a descrição verbal alongada pela reconstrução objetiva de imagens. Assim, muitas vezes, ao montar em cena o seu espaço subjetivo, o sujeito, como por encanto, numa percepção "gestáltica", é tomado de intensa emoção e vê sua consciência ser invadida por lembranças insuspeitadas. Outras vezes, no decorrer da dramatização que se faz no espaço reconstruído, o protagonista vai reencontrando velhos estímulos até ser atingido por aquele que lhe dará o significado de algum conflito, desejo, motivação ou necessidade.

Conserva cultural: termo que abriga todas as criações e aquisições da humanidade, no decorrer do seu processo civilizatório, mas que por força da inércia conservadora vão se estratificando e se repetindo de forma rígida, opondo-se e até mesmo prejudicando o espontâneo e criativo do Homem, que é a sua liberdade.

O espaço fenomenológico, psicodramático, também é o espaço da imaginação. Ele permite a redescoberta, a reorganização do sujeito, ampliando os horizontes acanhados presos à "conserva cultural". Na dimensão do espaço psicodramático, a expressão consciente ou inconsciente se fará livre, sem restrições de limites. O espaço concreto do local onde se realiza uma sessão psicodramática poderá, no momento da dramatização, tomar tamanhos e significações diversas, em função do espaço interno de cada um e dos eventos afetivos.

Apesar de o Centro de Psicodrama de Beacon (Nova York) ostentar um arremedo de palco de teatro, Moreno, na verdade, propunha o psicodrama *in situ*, isto é, no ambiente do trabalho, do lar e da escola. Qualquer lugar pode ser usado improvisadamente; importa apenas que o local possa ser transformado pelo grupo em um canto acolhedor e ajustável à movimentação da atividade a ser realizada; importa, sim, que seja construído um ambiente afetivo, com as tensões grupais devidamente trabalhadas, que dê acolhimento para um "imenso" espaço subjetivo.

Registre-se, pois, mais um ponto de contato de Moreno com a fenomenologia e seu empenho em pragmatizar o conceitual: a dimensão subjetiva encontra no psicodrama o seu lugar concreto, o seu espaço, pois ele é um espaço télico, amoroso.

Liberdade

A liberdade, como conceito básico das psicoterapias, sem dúvida compõe a sua finalidade maior.

Três são os diferentes níveis em que a liberdade pode ser entendida, conforme registra Corbisier (filósofo brasileiro falecido no ano de 2005):

a) na linguagem cotidiana (a liberdade como característica do comportamento livre);
b) na reflexão moral e política (a liberdade como norma, valor, ideal);
c) na indagação filosófica (a liberdade como modalidade fundamental do ser).

Acreditando na profunda vinculação desses três níveis, aqui abordo, no entanto, a liberdade como modalidade fundamental do ser, em sua subjetividade, compondo a "natureza interna" do ser humano, resultante de fatores biológicos, afetivos e intelectivos, compondo o conteúdo da personalidade e, em termos morenianos, dos papéis sociais ou psicodramáticos a serem desempenhados pelo sujeito.

A preocupação universal dos filósofos (e agora dos terapeutas) tem sido a de servir à libertação do ser humano, dando-lhe condições de tomar consciência de si mesmo, de sua situação no mundo, de suas origens e de seu destino.

Poderemos refletir com Sartre (1971): "O homem está condenado a ser livre. Condenado, porque não se criou a si próprio; livre, porque uma vez lançado ao mundo é responsável por tudo quanto fizer".

Acredito que espontaneidade e criatividade, fenômenos primários e positivos, como propõe Moreno, desvinculados da libido ou de qualquer outro impulso animal, possam estar no mesmo nível de importância da liberdade ontológica, com ela confundir-se, ou, quando menos, ser dela um aspecto importante.

A espontaneidade em Moreno é exposta de modo contraditório: inspirado na doutrina hassídica ou na teoria vitalista de Bergson, o fato é que ele não deixa claro se espontaneidade deve ser referida à inteligência, à oportunidade de adaptação, à novidade ou à improvisação. Prefiro sua conotação com a liberdade.

"A liberdade é a espontaneidade do surto vital que, a cada momento de sua duração presente, integra toda a realidade psicológica do sujeito", é como se nos apresenta uma assertiva de Bergson.

"Em resumo, essa espontaneidade moreniana se assemelha bastante à liberdade bergsoniana se pretende que surja a expressão mais original de cada um", diria Lemoine (1974).

Como a liberdade, a espontaneidade em Moreno não é aleatoriedade, não é determinismo, nem anarquismo psicológico, não é primitivismo social, nem atuação patológica ou impulsividade. Tais características não permitiriam o reconhecimento do ato livre do ser humano, anulando-os. Espontaneidade para Moreno também é ato livre, por livre vontade.

A busca da liberdade/espontaneidade não deve ser confundida ainda com a liberação de exigências instintivas, mesmo porque estas deverão atender a aspectos culturais e morais de cada indivíduo e de cada sociedade.

O elucidar esses aspectos, o buscar suas motivações conscientes e inconscientes, e o modo como abordá-los é tarefa mesmo das psicoterapias. Tarefa que poderá ser resumida na busca da integração instintivo-emocional concretizada no desempenho dos papéis, como quer Moreno.

A propósito, o método fenomenológico pretende ser neutro diante das contraditórias, caprichosas e anárquicas exigências da realidade individual, não se permitindo, por princípio, definir o que é certo ou errado, o que é maduro ou imaturo, impedindo que a moral do terapeuta interfira no processo de tratamento. Porém, uma coisa é certa: o indivíduo é responsável por tudo quanto fizer e sua liberdade deverá respeitar a liberdade do outro. Até os atos inconscientes são da responsabilidade do sujeito.

A liberdade/espontaneidade, por sua vez, amplia a possibilidade de mediação da consciência, permitindo à pessoa "ser ela mesma", que é viver no mundo social sem assumir o ônus das convenções que ele impõe com desrazão, respeitados os direitos do outro e o interesse coletivo de significado maior. **A liberdade do indivíduo e a coesão do grupo social terão sempre de encontrar caminhos conciliadores.** "Ser ela mesma" também é afirmação do espaço psicológico, a conquista de direitos, o exercício da criatividade. Com esses sentidos, exercer a liberdade é sinônimo de saúde mental.

Corpo

"E o Verbo fez-se carne."

Para os fenomenologistas o corpo é o "aqui" fundamental. Por meio dele o ente se torna ser-no-mundo e ser-em-relação. Não é nem pode ser encarado como um objeto: é o ponto central para o qual confluem e se condicionam todas as experiências e de onde fluem todos os desejos e todas as decisões.

Gabriel Marcel estudou as relações do indivíduo e seu corpo para afirmar em conclusão enfática: "Eu sou meu corpo [...]. Meu corpo é, neste sentido, ao mesmo tempo o existente padrão e, mais profundamente ainda, o ponto de referência dos demais existentes".

O corpo é a referência física do sujeito: nele está a história genética, a marca da hereditariedade, está também a expressão da inteligência, o registro das vivências e a possibilidade das ações. Nele estão as coisas particulares ao indivíduo e também as próprias da espécie. Ontogenia e filogenia aí se encontram. Ele contém a sexualidade e a agressividade. No corpo está o fisiológico, o instintivo, o não-consciente, o espontâneo, os papéis psicossomáticos. Nele se imprimem o condicionado, o cultural, o educado, o "robotizado", a conserva, os papéis psicodramáticos e sociais.

Por meio dele exprime-se o "si-mesmo", psicológico ou fisiológico.

É pelo corpo que o Eu, expressão psicológica do ser global, se integra em seus vários níveis (emocional, intelectual, vivencial). Nele o ser habita e com a morte biológica desaparece ou transcende. A vivência do corpo é a vivência de impulsos, sentimentos, pensamentos, movimentos; é viver a consciência do Ser. Consciência muitas vezes silenciosa e muda. O corpo é sujeito e objeto do desejo. É a casa do real. O corpo intermedeia a percepção, a emoção e o ato conativo.

Incidem em erro os que dicotomizam o indivíduo em corpo e mente, transformando-o em um ser exclusivamente "espiritual", "intelectual" ou somente em um ser "corporal", "muscular". Ao corpo serão dados sensibilidade, emotividade, aptidão intelectual; ao espírito serão dadas a força da musculatura, a destreza dos movimentos e a aptidão física. Nessa perspectiva, os movimentos do corpo saudável serão espontâneos, sem preocupações embaraçosas.

Os jogos psicodramáticos propostos pelo psicodrama liberam o caminho para o aparecimento da espontaneidade e da criatividade que habitam os recessos da espiritualidade e da corporalidade. Para os fenomenólogos não há dicotomia, pois o psiquismo é corpo vivido e sentido. O psicanalista Paes Barreto (1977) ressalta a importância da valorização do corpo íntegro nas neuroses e psicoses: "O câncer é psíquico como a neurose, a neurose é somática como o câncer, e ambos são psíquicos e somáticos como qualquer outra vivência humana".

Daí por que o psicoterapeuta deverá estar alerta aos aspectos físicos/fisiológicos do paciente, não obrigatoriamente para tratar ele próprio das eventuais lesões/disfunções, mas pelo motivo mesmo dessa existência, que faz de dois segmentos uma coisa única, categorias existentes uma na outra, encarnadas, irredutíveis e inseparáveis. E ainda estará alerta para o corpo íntegro, mas que é linguagem, mensagem, atitude, ato, ação.

Ao médico não-psicoterapeuta caberá igual atenção a partir de seu viés.

Nas manifestações organocerebrais o corpo manifesta-se de modo polimorfo.

Nas psicoses, a visão do corpo é fragmentada, o corpo é perfurado, permeável a invasões de fora e a vazões para fora. O movimento torna-se impossível, o corpo petrifica-se, defende-se, catatoniza-se.

No paciente chamado "psicossomático", o seu discurso emocional expressa-se pelo corpo, escolhendo o coração para dizer do seu medo, o estômago para dizer do seu nojo.

No histérico, a angústia vital exterioriza-se no corpo-para-o-outro como meio de comunicar-se, seduzir. Ele explicita o conflito pelo corpo ou parte do corpo, e aí a função real cede lugar à função simbólica. Na tentativa de se contatar com o outro, de tentar uma relação aparentemente física, mas no fundo afetiva, o histérico frustra o diálogo corporal pela dificuldade de relação amorosa e saudável.

No fóbico, há um temor de que seu espaço vital, onde o corpo está situado/sitiado, seja invadido ou então transponha os seus próprios e acanhados limites para não perecer.

Também no hipocondríaco o corpo fala, mas é simples e tristemente um corpo-para-si-mesmo.

A assimilação da corporalidade inicia-se já na vida uterina, e a noção da corporalidade se dá a partir dos primeiros meses de vida. "O lactente se encontra com a tarefa de organizar seu próprio corpo a fim de situá-lo no mundo que o rodeia. Uma vez que o consegue, o corpo se transforma nesse instrumento oculto cuja finalidade é a constituição do mundo interpessoal" (Monedero, 1977).

O psicodrama de Moreno, exatamente por propor trabalhar uma dimensão a mais do indivíduo – a ação – e sua relação interpessoal, coloca-se automaticamente como uma terapia preocupada com o corpo, não ao modo das teorias bioenergéticas, mas inspirada no "aqui" fundamental.

Moreno tem o cuidado de chamar a atenção para o corpo do próprio terapeuta: "O corpo do ator terapêutico deve ser tão livre quanto possível, deve responder fielmente a cada motivo da mente e da imaginação [...]. O ego-auxiliar em ação não só sente como faz, está construindo e reconstruindo um sujeito presente ou ausente numa específica relação dos papéis".

O corpo da fenomenologia e do psicodrama é o corpo que coloca o ser humano em relação com os seus semelhantes e o mundo. Não se trata da simples relação física e sim da relação intencional, aquela que busca um significado e um sentido.

"Como se fosse" ou simplesmente "como se" refere-se aos jogos psicodramáticos com o uso da imaginação e da melhor expressividade na representação dos papéis vividos no contexto dramático. O "como se" é a metáfora do psicodrama.

Moreno propõe o estímulo do corpo no lúdico, no "como se" dos jogos dramáticos. De certa forma ele queria que se buscasse, por meio do teatro da espontaneidade, o corpo vitalizado da criança que um dia ousou sonhar um modo espontâneo, criativo e saudável de se relacionar na vida.

Ele propunha que a habilidade plástica atingisse criatividade e espontaneidade plenas. Para isso indicava a dança e os exercícios de improvisação como técnicas úteis ao "relaxamento" e à conseqüente liberdade de movimentos, que pudessem traduzir com fidelidade cada motivo da mente e da imaginação.

A inclusão, na psicoterapia psicodramática, de técnicas corporais vindas da bioenergética, da fisioterapia e da medicina ainda é questão polêmica, mas admiro o empenho dos colegas que pretendem essa articulação difícil e cuidadosa.

Para Cooper (1973), o corpo é ato político. E político seria o desdobramento do poder que "implica a desorganização e reorganização de uma pessoa, de fragmentos de uma pessoa, grupos ou coletividade de pessoas, com um novo intuito".

Naffah Neto (1980), ao correlacionar o corpo com as fases do desenvolvimento infantil da matriz de identidade, afirma:

> O corpo é o núcleo da espontaneidade e da criatividade, lançado na revelação e na recriação contínua da própria existência [...]. E como *corporeidade* que efetivamente é, é sua a responsabilidade de reencontrar e redefinir o seu próprio sentido no mundo. Jamais como *corpo-objeto*, ou seja, como um campo virtual às manipulações do terapeuta. Jamais se sujeitando a técnicas que visem adaptá-lo a uma realidade social não questionada.

Exemplo clínico

Um paciente é admitido no grupo por estar atravessando uma crise conjugal. Já nas primeiras sessões começa a despertar no grupo manifestações esparsas de antipatia pelo modo "empolado" de falar e por uma postura física muito formal. Em determinada sessão, quando o paciente coloca para o grupo a situação difícil que está vivendo, o grupo desconhece o seu eventual sofrimento para criticá-lo no modo de falar que não coadunaria com o seu propalado sentimento. O nível verbal da sessão, em contexto grupal, fica estéril, repetitivo, cansativo e irritante, e as críticas não encontram ressonância no paciente.

Na leitura da dinâmica grupal, percebo que o paciente tenta ser o protagonista, sem êxito, pois não consegue transmitir o seu sofrimento para o grupo e este não consegue transmitir-lhe porque não o aceita, tornando-se extremamente crítico e intelectualizado. Acho importante propor, então, um trabalho grupal, sem palavras, em nível corporal, com o intuito de quebrar a dificuldade da relação e favorecer o aparecimento da emoção.

A regra do jogo dramático seria esta: cada um se relacionaria com o paciente, apenas com iniciativas corporais, de modo que lhe transmitisse o que era preciso ser dito, e o paciente responderia corporalmente para dizer dos seus sentimentos. As regras são aceitas e cada um, a seu momento, aproxima-se do paciente, propondo-lhe mímicas, gestos, toques, objetos intermediários etc. Há momentos de tensão, de ternura, de agressão, de paz. Há gestos de ajuda e de desafios. O paciente responde adequadamente a cada acontecimento. Por vezes há perplexidade, dúvida, titubeio.

Por fim, um elemento do grupo propõe-se a fazer uma massagem corporal para distensão e relaxamento muscular. Era a mensagem necessária para dizer-lhe de um modo diferente que ele, paciente, precisava quebrar a rigidez postural e o formalismo dos gestos. Naquele instante o elemento do grupo que tomara a iniciativa traduzia, de modo muito feliz, o desejo do grupo. A cena muda continua com os dois, paciente e seu colega, num bonito jogo corporal que ao fim permite ao paciente expressar seus sentimentos, chorando mansamente. O grupo vai se aproximando do protagonista, envolvendo-o com carinho. Ele recebia a compreensão e a solidariedade desejada. Sentia-se reconfortado.

Depois comentaria a sua percepção dramática para o fato de o quanto a sua postura corporal, da qual a fala fazia parte, o impedia de transmitir suas emoções, e diria, ainda, como fora importante sentir-se compreendido pelos demais, com quem queria dividir suas apreensões.

O grupo é redimido da posição inicial, intransigente e intolerante.

Comentários

A linguagem exclusiva do corpo, por ser a linguagem primeira, a mais primitiva, permitiu, neste caso, deslocar a relação do nível intelectualizado e carregado de preconceitos para o nível de espontaneidade, no que ele tem de mais concreto, o próprio corpo em sua situação pré-reflexiva, no seu "aqui" fundamental.

Sonhos

Entre as várias formas de linguagem, motivo do interesse da fenomenologia já a partir de Husserl, temos o sonho, talvez como a mais intrigante para ser trabalhada em psicoterapia.

Para a fenomenologia, o sonho não tem o sentido oracular dos antigos nem é simples simbolismo de impulsos reprimidos; é tão-somente mais um espaço aberto para as possibilidades existenciais.

Nesse espaço "o tempo está condensado ao nível onírico, ou seja, não existe divisão caracterizando o passado, presente, futuro. Pode assim o sonho refletir experiências passadas, presentes ou mostrar direções futuras, assim como podem estar os três tempos condensados num mesmo momento" (Wolff, 1985).

O sonho pode ser abordado em dois níveis: o da compreensão fenomenológica dos elementos oníricos em sua significação global e o da aplicação terapêutica dessa mesma compreensão.

Compreender um sonho fenomenologicamente é exercitar o método da "redução", de ir ao significado mesmo das coisas, sem a interferência de pré-conceitos, pré-julgamentos, pré-juízos. O primeiro nível leva-nos à compreensão do ser-no-mundo, do seu modo particular de viver e vivenciar o seu mundo; não nos dá uma explicação de causa e efeito, nem facilita uma interpretação, mas permite-nos evidenciar os nexos, os significados, o fluir das vivências. Qualquer inferência subjetiva que fizermos, mesmo quando alicerçada em hipóteses robustas, corre o risco de distorcer o verdadeiro sentido do sonho em pauta.

O segundo nível consiste em ajudar o paciente a perceber sua existência, o uso que tem feito de seu tempo e espaço, as distorções do seu viver (o que lhe é supérfluo e o que lhe é ausente), os núcleos conflituais de sua personalidade, o desempenho de seus papéis e, enfim, as suas possibilidades. A terapia pela compreensão fenomenológica do sonho vai permitir a abertura do indivíduo ao mundo ao mostrar-lhe as possibilidades internas que são suas perspectivas existenciais: "pode o sonho mostrar direções futuras".

Ao descrever as técnicas psicodramáticas, Moreno propõe a técnica da representação do sonho, assim:

> Em vez de relatar o sonho, o paciente representa-o. Deita-se na cama e aproxima-se da condição de dormir. Quando está em condições de reconstruir o sonho, levanta-se e representa o sonho em ação, utilizando para isso vários egos-auxiliares, que desempenham os papéis dos caracteres e objetos do sonho.

A representação dramática tem o dom de permitir estender o sonho além do que é lembrado pelo sonhador. A re-vivência de cenas conexas, a partir do tema inicial trazido, amplia as situações vivenciais e, entre essas, os conflitos psicológicos significativos para o processo de abertura existencial.

Daí por que considero a técnica de representação do sonho de Moreno como a mais adequada para pragmatizar as proposições fenomenológicas: não é oracular nem induz a sonhos condicionados, mas permite conhecer os nexos, seus significados e, enfim, chegar a uma compreensão terapêutica, afetiva e intelectual de um momento psicológico do indivíduo, propiciando-lhe instrumentos para as mudanças existenciais e psicológicas que se fizerem necessárias.

Além do modo específico de trabalhar o sonho com as técnicas psicodramáticas, não podemos desconhecer o *opus magnus* da obra de Freud: *A interpretação dos sonhos*, definitivamente consagrada pela literatura científica mundial.

Exemplo clínico

Um paciente (P) traz o seguinte sonho: estava, à noite, em uma rua que lembrava o ambiente da Avenida São João com a Avenida Ipiranga. Via-se olhado por vários homossexuais e mulheres, prostitutas, que se riam dele com ar de deboche. E ele era seguido por um homem, não-identificado, que o perseguia como a querer alcançá-lo para tocar-lhe o corpo. A sensação é de muito constrangimento, medo e ansiedade.

Feita a proposta de trabalho, o paciente é convidado a montar seu quarto, o que faz com os elementos essenciais: a mesa de estudo, a cama, o criado-mudo que o acompanha desde menino, as posições da janela e da porta do quarto.

Proponho a reconstituição do dia anterior ao sonho. P relembra que dormira na casa da namorada na noite anterior, levantando-se tarde, fora do horário habitual. Depois foi à escola, participou das atividades do dia, voltou para casa para jantar, quando teve oportunidade de conversar com um de seus irmãos que lhe contou iniciativas e sucessos no campo da produção musical. Naquela noite resolveu deitar cedo. Às 22 horas já estava no seu quarto, tentando fazer alguma coisa: ouvir música, ver o resultado do jogo de futebol, ler as historietas do Fradinho do Henfil.

Nesta altura, P, espontaneamente, já está representando dentro do contexto dramático montado. Continua. Deita-se, lembra (em solilóquio) que se esqueceu de ligar o alarme do carro, preocupa-se, mas "deixa pra lá". "Ouve um barulho", levanta-se e, da porta, pergunta quem chegou, pensando que fosse o irmão. Volta para a cama, ajeita-se para dormir.

Proponho-lhe relaxar, fechar os olhos e permitir "ressonhar" o tema trazido, avisando o momento em que as imagens dessa produção psíquica estivessem sendo revividas. Durante alguns minutos, P permanece em silêncio, de olhos fechados, apresentando fisionomia e postura corporal tranqüilas. Registra o aparecimento das imagens referidas no sonho. É proposto, então, que ele se levante e conte a cena. Utilizando os demais membros do grupo, monta a cena sonhada e agora concretizada no contexto dramático. Proponho a ele ocupar o lugar das personagens do sonho e a cada substituição fazer um solilóquio. Cada uma das mulheres, de modo sarcástico, fala de sua figura infantil, tola, medrosa. O homem que o persegue fala de seu medo, de sua insegurança. No seu próprio papel, P confirma também o estado de medo e humilhação em que se encontra. Depois de pesquisada esta primeira cena, pergunto em que situação real de sua vida ele tivera aqueles mesmos sentimentos e sensações.

> P - São várias.
>
> T - Então escolha uma, a mais forte, a mais importante que lhe pareça neste momento.
>
> P - Foi em minha casa, quando tinha seis anos.
>
> T - Então, monte a cena e a situação.
>
> P - Era de noite, a família estava reunida. Papai, mamãe e mais dois irmãos.

P estrutura a sala, escolhe as personagens e as distribui conforme lhe vêm à lembrança.

> P - Meu irmão L tocava violão e começou a tocar uma música que me entristecia e ele sabia que me entristecia (*Peguei um Ita no Norte*). Comecei a chorar. Era isso o que ele queria. Meus irmãos mais velhos gostavam de "judiar de mim", me chamavam de "mariquinha", diziam que eu era "protegido da mamãe". Então começavam a me "gozar".

Peço-lhe que vá fazendo substituições das personagens, jogando o papel de cada um. Dos dois irmãos transparecem a jocosidade inconseqüente e o prazer de fazê-lo sofrer. Do pai, apenas palavras frágeis de conciliação: "Deixe de ser bobo, menino; eles estão brincando; o que é isso...". Da mãe, aparece uma vontade muito grande de proteger o filho, protestar, colocar um basta, mas se nega a interferir "porque já dizem que eu o superprotejo; será pior se eu tomar partido".

Pergunto ao paciente como se sente. Ele diz que tem uma vontade muito grande de dizer aos irmãos que eles têm de respeitá-lo em seus sentimentos. Sugiro que o faça, então.

P começa a dizer timidamente: "Eu me emociono, eu sou sensível e vocês têm que me respeitar!"

Peço que ele maximize esta fala. Responde que não tem coragem; que tem mesmo é de despistar essa sua vontade e aceitar tudo passivamente. Digo que ali no contexto dramático ele pode gritar e o estimulo a fazê-lo. Então volta a repetir o que falara, mas desta vez gritando, sem parar.

Pergunto-lhe em seguida como está se sentindo. Diz que se sente melhor, mas com muita vontade de fazer um confronto com o irmão, agora, na idade adulta.

É proposto o confronto em uma terceira cena, agora de caráter prospectivo.

O paciente não sabe imaginar o local onde isso possa ocorrer.

(Atualmente, na vida real, as relações com o irmão são distantes, cruzam-se sem se falar, há um clima de agressividade contida entre os dois. Ele acha que o irmão continua a ter com ele a mesma conduta da infância, desprezando-o, espezinhando-o, perseguindo-o, invadindo seu espaço.)

Proponho que ele e o irmão passeiem pelo contexto dramático e que ele se dirija ao irmão no momento que se dispuser a um diálogo. Depois de alguns minutos P pára o irmão, enfrenta-o com o olhar e começa a dizer-lhe o que acha que deve ser dito. "Você é um intruso em minha vida! Tenta jogar nossos pais contra mim! Você até está ameaçando ocupar o meu quarto só porque estou dormin-

do fora. Lá no trabalho você está tomando posição contra mim."
[Eles trabalham no mesmo lugar.]

Por várias vezes, inverteram-se os papéis com a dupla finalidade de pesquisa e de dar oportunidade para a projeção das emoções no papel do outro. Em seguida, pergunto se já fora dito tudo, em termos verbais. "Acho que sim", responde.

Proponho que P faça sua imagem em relação ao irmão, naquele instante, seguida de um movimento corporal. "Gostaria de esmurrálo... mas também de abraçá-lo." "Aqui você pode fazer as duas coisas." Entrego uma almofada como anteparo para o ego-auxiliar, proponho a P atuar a primeira parte do seu desejo.

P esmurra violentamente a almofada, solta alguns xingamentos e, depois de alguns minutos, extenuado, pára e, espontaneamente, sorri e abraça o irmão com muito afeto e carinho.

Comentários

Em outras linhas terapêuticas o sonho poderia receber inúmeras interpretações. O próprio paciente demonstrara sua preocupação de que ele pudesse ter significação de uma homossexualidade latente.

Permitindo-nos trabalhar o sonho como recomenda Moreno, fenomenologicamente, tivemos um desenvolvimento de cenas correspondentes, adequadas para o tema do conteúdo onírico inicial. E não se diga que não se trabalhou a homossexualidade, naquilo que ela tem de processo de subjugação ao mais forte e busca de proteção materna.

Para o paciente, que tem vida heterossexual definida e regular, a produção homossexual do sonho ficou reduzida à fantasia despertada. A dramatização, como ocorreu, permitiu atender a necessidades afetivas mais verdadeiras, pelo menos no que dizia respeito àquela sessão, possibilitando o resgate da força e agressividade que estavam projetadas no irmão e permitindo ao protagonista, agora, estar mais inteiro no seu papel masculino.

- 5 -

O CONCEITO DE TELE
E AS IDÉIAS DA FENOMENOLOGIA

Encontro

Num grupo social sem identidade, geralmente ocorrem embate desgastante de emoções e estéreis debates de palavras vazias, num círculo vicioso que levou à afirmação sartriana de *Huis Clos*: "O inferno são os outros".

O grupo terapêutico pretende uma estrutura diferente, em que se quebre esse comportamento neurótico, escravo da "conserva cultural" na linguagem moreniana, porque perdeu a espontaneidade/criatividade. O grupo terapêutico também pretende não repetir grupos sociais com identidade calcada em modelos controladores, coercitivos e destrutivos.

No psicodrama, a estrutura é construída com a identidade dada ao grupo por dois princípios de J. L. Moreno, assim estabelecidos:

a) "princípio da interação terapêutica", pelo qual um paciente é agente terapêutico do outro;
b) "princípio da espontaneidade", pelo qual se permite a participação livre de todos os membros do grupo.

Como corolários desses princípios, acredito que são quatro os momentos comprometidamente morenianos, a serem buscados no correr do processo ou do ato psicodramático:

- o uso do lúdico para redução das tensões, possibilitando o afloramento do "inconsciente comum ou coletivo grupal";
- o confronto entre os participantes do grupo, no qual devem ocorrer a inversão de papéis correta, a "crise do encontro" e o encontro;
- o estímulo à espontaneidade, permitindo a catarse de integração grupal por meio da dramatização criativa;
- o momento do compartilhar.

No presente capítulo, pretendo reforçar a discussão sobre o conceito moreniano de encontro que, para mim, se destaca exatamente pelo valor instrumental, isto é, de aplicação concreta na prática psicoterápica.

O encontro é categoria fundamental da fenomenologia existencial pela significação antropológica que, de certa forma, responde às dúvidas sobre a comunicação com o outro ou a comunicação existencial, marcada preocupação de Kierkegaard, Sartre, Marcel, Heidegger, Jaspers e outros.

As mais fecundas reflexões sobre o tema cabem a Buytendijk e a Buber (1977). O primeiro foi quem deu ao termo a verdadeira acepção existencial; o segundo influenciou profundamente os filósofos da existência com as reflexões sobre a relação dialógica Eu-Tu.

Nobre de Melo (1970) assim nos repassa as idéias de Buytendijk: encontro é o

> evento humano em que radica o denominador comum da genuína comunicação interpessoal, no seio de uma comunidade [...] a marca de todo encontro autêntico é a relação de transcendência mútua, presente em todas as suas modalidades. Essa relação se estabelece sem premeditação alguma. É algo pré-reflexivo, portanto, e brota, repentinamente, da confrontação fortuita e inopinada de duas ou mais realida-

des humanas em presença, umas e outras atingidas, com isso, no núcleo mesmo de sua autonomia respectiva [...]. Em todo verdadeiro encontro inter-humano, está sempre implícita uma relação simultânea de reciprocidade necessária. Essa relação é, portanto, a condição essencial que assume na simpatia e na amizade a forma de equivalência, mas só no Amor, no encontro amoroso, no encontro dos sexos, pode atingir toda a sua plenitude, chegando a ser então efetiva e completa.

Asti Vera (1973) observa:

> Embora o encontro suponha uma relação recíproca, reciprocidade não significa simetria. Se uma pessoa decide buscar um amigo, o encontro, devido à reciprocidade da amizade e do afeto, é significativo para ambos, mas para quem o promoveu possui um significado adicional que rompe a simetria da comunicação.

Nas psicoterapias a presumível simetria seria quebrada pela necessidade de quem busca o cuidado terapêutico, pela cobrança de honorários de quem se dispõe a cuidar, e ainda pela própria diferença de papéis, em que o terapeuta propõe-se como técnico especializado.

O encontro supõe não só a superação do fenômeno das transferências e o entendimento da amorosidade, propõe também a quebra dos mecanismos de defesa do ego naquilo que eles têm de impossibilidade de comunhão, mantendo de outro lado o que eles são como "verdadeiros mecanismos de troca e permutação" (Caruso, 1967).

Em linguagem moreniana, o encontro propõe-se ao rompimento da "conserva cultural", pelo estímulo da espontaneidade/criatividade.

No plano categorial o conceito de encontro pode parecer abstrato e distante, mas no plano psicoterápico ele permite efetividade do tratamento, porque para atingi-lo, ou melhor, para se permeabilizar a relação dual e/ou grupal, de modo que as deixe disponíveis ao acontecimento, uma série de elementos deverá ser trabalhada em níveis empáticos, transferenciais, amorosos e télicos. Só então o espaço da vivência estará limpo para permitir o aparecimento do evento fugaz mas transformador que supere a empatia de T. Lipps, a transferência de S. Freud e o próprio Tele de J. L. Moreno. Seria dispensável dizer que, antes de fazer a correção da situação relacional negativa, distorcida, corre-se o risco de viver falsos encontros. Moreno reivindica para ele a definição do termo. Sendo categoria nuclear do movimento existencial e velha preocupação de muitos filósofos, é irrelevante discutir a paternidade da palavra em si. Por curiosidade histórica citarei Paul Johnson, professor emérito da Universidade de Boston, referido pelo próprio Moreno: "Na primavera de 1914 Moreno publicou em Viena o primeiro de uma série de escritos poéticos intitulados 'Convite ao encontro' que é evidentemente a *primeira definição literária* de encontro" (o grifo é meu).

> Um encontro de dois: olho a olho, face a face
> E quando estiveres perto tomarei teus olhos
> e os colocarei no lugar dos meus
> e tu tomarás meus olhos
> e os colocarás no lugar dos teus
> então eu te olharei com teus olhos
> e tu me olharás com os meus.

Mas, justiça seja feita, é Moreno quem dá o valor instrumental ao termo para ser usado na prática psicoterápica. Para ele,

> a palavra *encontro* abrange diferentes esferas da vida. Significa estar junto, reunir-se, contato de dois corpos, ver e observar, tocar, sentir, participar e amar, compreender, conhecer intuitivamente através do silêncio ou do movimento, a palavra ou o gesto, beijo ou abraço, tornar-se um só: "una com uno" [...]. A palavra "encontro" (*Begegnung*) contém como raiz a palavra "contra" (*gegen*). Abrange, portanto, não apenas as relações amáveis, mas também as relações hostis e ameaçadoras: opor-se a alguém, contrariar, brigar [...]. Encontro significa que duas pessoas não apenas se reúnem, mas que elas se vivenciam, se compreendem cada uma com todo o seu ser.

Note-se que na exposição deste conceito temos as características básicas da intersubjetividade fenomenológica.

A partir daí, ele fundamenta, teoricamente, a psicoterapia de grupo chamando-a mesmo de "terapia pelo encontro". O que é fundo nele ao expandir o significado do termo é a proposta de inversão ou troca de papéis, para permitir a "crise do encontro" entre o Eu e o Tu, dos membros de um grupo terapêutico. Seria o ponto culminante que completaria o sentido de unidade, de identidade e do pertencer ao grupo.

Desde as primitivas seitas religiosas até a mais moderna sociologia o grupo (UM) significa unificação na pluralidade de idéias, sentimentos e ações. O UM (o grupo) teria de se construir sem destruir os *uns*, sendo capaz de conter, harmoniosamente, as possibilidades agressivas, eróticas, emocionais e amorosas de cada elemento do grupo.

Ultrapassando a visão de encontro da sua fase religiosa, Moreno articula o conceito à teoria de papéis, núcleo de toda proposta psicodramática; o encontro moreniano, pois, supera a conceituação mística e se propõe na práxis a partir da teoria dos papéis.

A "inversão de papéis" é um momento da socialização e integração da criança na sua "matriz de identidade", iniciando-se entre o segundo e terceiro anos de vida e aprimorando-se, como um processo no decorrer do próprio crescimento etário. Ela começa a viver os papéis inerentes aos que a circundam: brinca de mãe, de pai, de irmãozinho, de babá, de médico, de animais, representando papéis assimilados por ela. Nesta fase, seja no contexto social, ou no psicodramático, na verdade o que temos é o "jogo de papéis" como quer Moreno.

Também teremos o "jogo de papéis" quando o indivíduo "inverte" papéis abstratos, de pessoas ausentes, ou das *dramatis personae* de sua vida emocional.

Mas, se temos duas pessoas presentes, A e B, cada uma com sua gama de papéis desenvolvidos, A pode assumir o papel de B, e este, o de A. A será, por algum tempo, "verdadeiramente" B e vice-versa. Um homem se tornará mulher, e a mulher, o homem; o pai transfigurase em filho, e o filho, no pai; o rancoroso troca de papel com o bondoso e o bondoso ocupará o lugar do rancoroso; o agressivo toma o papel do pacífico, e este, o daquele; o "vidrado" em sexo experimenta a posição do que é "desligado", e este experiencia a posição do ouro. E assim até o retorno aos seus papéis originais. O indivíduo se encontrará consigo mesmo pelo desempenho do papel do outro.

É a inversão de papéis que Moreno propõe para compor o sentido de unidade, de identidade e do pertencer ao grupo referido linhas atrás. Esta é a inversão de papéis que ele chama de *correta* (*sic*).

Devemos compreender que a inversão correta de papéis nunca ocorrerá de modo integral e verdadeiro, por motivo de "pura impossibilidade", como diria o filósofo. Mas o artifício técnico é a "pedra de toque" da prática psicodramática. Facilitados pela "inversão correta dos papéis", os membros do grupo serão confrontados em suas emoções, conflitos, preconceitos, idiossincrasias; eventualmente caminharão de relações transferenciais para o estado dinâmico do Tele. Assim o grupo tornar-se-á mais coeso, mais disponível, mais continente, portanto mais terapêutico, permitindo atingir a intenção de Moreno: "poder tratar todo indivíduo e o grupo todo, juntos ou separados".

A força terapêutica é a força do grupo e ela existe na identidade e na identificação que se estabelecem entre seus membros, ocorrência mais importante do que as eventuais transferências.

"Se no psicodrama o que se quer não é ridicularizar o sujeito, mas revelar a sua verdade, a platéia deverá estar identificada. Não fosse isso teríamos o protagonista-holocausto. Vítima que se oferece à análise selvagem do grupo. Em lugar de terapia, o sacrifício ritualístico." (Milan, 1976)

Moreno compreendeu que, sem a disponibilidade para o Amor, não há sucesso terapêutico, mas que só essa disposição é inconseqüente. De certa forma, ele pretendeu resolver a grande dificuldade que se coloca nas psicoterapias que pretendem uma relação plena e significativa, que pretendem o encontro existencial total e do qual não se poderia desvincular a relação sexual. A energia amorosa no trabalho psicoterápico tem de fluir dentro de ritmos e regras para fazer-se útil; ritmos naturais e regras metodológicas, expressando a ética do grupo.

Ao retomar o conceito de encontro de alguns existencialistas, Moreno depurou-o da ingenuidade apráxica e da amorosidade anárquica. Sem deixar de ser poeta, estabeleceu preocupações éticas por meio das técnicas psicodramáticas e da metodologia fenomenológica sintetizadas no Tele.

Tele

O conceito de Tele criado por J. L. Moreno nasceu a partir de uma observação por ele feita no proscênio teatral. Os atores deveriam entrar na representação cênica interagindo entre si, conforme o *script*, no caso do teatro clássico, ou de acordo com as reservas de espontaneidade e criatividade de cada um, no caso do *impromptu*.

Tele vem do grego *telos*, que significa "distante". Transliterado para o português, sofre as vicissitudes do tempo histórico e da distância geográfica. A palavra grega com terminação em "o" receberia o indicativo do masculino. Usada como advérbio (a distância), nenhum artigo definido deve acompanhá-la: nem "a", nem "o". Ao ser utilizada como substantivo, deveria atender "à regra da predominância", em que o gênero masculino, classicamente, sobressai sobre o feminino. O Tele, pois. Muitas vezes, porém, esse uso torna-se arbitrário e aleatório, predominando a forma consagrada pela maioria. Nas palavras compostas, o artigo penderá para o gênero do vocábulo que se atrelar ao radical *tele*. Assim: a televisão, o televisor, o fator tele, a telerrelação.

No livro *Psicodrama triádico* (1977), Pierre Weil e Anne Ancelin Schützenberger utilizam o masculino: o Tele.

O início da atuação de um ou de outro dos atores seria determinado pelo que Moreno chamou de "certa presença de espírito", algo que é mais do que normalmente se chama de "intuição". Fazendo

Por definição, Tele seria "como um processo emotivo projetado no espaço e no tempo em que devem participar duas ou mais pessoas. É uma experiência de algum fato real, verdadeiro, autêntico, existente, não é uma ficção subjetiva. É sempre uma experiência interpessoal no 'aqui e agora' e não o sentimento ou emoção de uma só pessoa".

um somatório de elementos relacionais específicos (o "gesto suficiente", "telepáticos entre si", "um novo sentido no comunicar-se"), teríamos como resultante um fator próprio das relações interpessoais capaz de compor a pesquisa sociométrica, como peça determinante na feitura do sociograma.

Posteriormente, Moreno foi fazendo observações clínicas e ampliando o conceito de modo que hoje podemos falar em aristotele, autotele, tele criatogênica, tele como unidade sociogenética, infratele, tele musical, tele e *dramatis personae*, tele racial, tele para objetos, tele sexual, tele matriz, tele espontaneidade, tele criatividade etc.

O Tele atuaria desde os primórdios de qualquer encontro grupal, podendo ser débil no início para ir se fortalecendo no correr do processo inter-relacional, e as técnicas psicodramáticas serão mais eficientes à medida que o Tele for se expandindo dentro do grupo.

Feitas essas considerações iniciais, pretendo defender a tese de que o tele moreniano traz em si todos os elementos característicos do processo relacional fenomenológico-existencial.

Podemos identificar, nos processos da intuição, intencionalidade e intersubjetividade, o Tele de Moreno. Vejamos na palavra do seu próprio criador:

> A transferência é o desenvolvimento de fantasias (inconscientes) que o paciente projeta no terapeuta, cercando-o de um certo fascínio. Mas há um outro processo que tem lugar no paciente, naquela parte do seu ego que não é afetada pela auto-sugestão. Por meio dela, o paciente avalia o terapeuta e percebe intuitivamente que espécie de homem ele é.

Essas intuições do comportamento imediato do terapeuta (físico, mental ou outro) constituem as relações Tele. *Tele (do grego: distante, influência à distância) é mútua percepção íntima dos indivíduos, o cimento que mantém os grupos unidos.* É *Zweifuhlung*, em contraste com *Einfuhlung.* Como um telefone, tem dois terminais e facilita uma comunicação nos dois sentidos. Tele é uma comunicação nos dois sentidos. Tele é uma estrutura primária; a transferência, uma estrutura secundária. Após a dissipação da transferência, continuam operando certas condições Tele. O Tele estimula as parcerias estáveis e relações permanentes. Pressupõe-se que, no desenvolvimento genético da criança, o Tele surge antes da transferência. As relações télicas entre protagonista, terapeuta, egos-auxiliares e as *dramatis personae* importantes do mundo que retratam são decisivas para o processo terapêutico.

A partir do conceito do Tele ele cria a "psicoterapia das relações interpessoais", na forma do psicodrama, em que o paciente deixaria de ser tratado em isolamento. Aqui, mudam as funções do terapeuta, bem como as do paciente. Moreno refaz essas situações, com propostas novas. Já na exposição da sua "teoria da espontaneidade", para o desenvolvimento infantil, quando disserta sobre a "matriz de identidade" – em que se estabelece o fundamento do primeiro processo de aprendizagem emocional da criança –, ele realça as relações da criança com as pessoas e as coisas que a rodeiam, estabelecendo, como características dessa mesma matriz, a coexistência, a co-ação e a co-experiência.

Introduz o conceito operativo de "papel", como experiência interpessoal; cria o conceito de "catarse de integração" que também exige a relação interpessoal no conceito e na prática; fala-nos de estados co-conscientes e co-inconscientes como expressões da relação interpessoal de dois ou mais sujeitos; e sua criação, a sociometria – base psicossociológica do pequeno grupo, fundamento básico do psicodrama –, é toda ela embasada na relação interpessoal, no que ela tem de intencionalidade, intenção e intersubjetividade.

Revejamos os conceitos abordados até agora.

A intencionalidade torna o sujeito e o objeto inseparáveis; o Tele estimula parcerias estáveis e relações permanentes.

A intuição é apreensão clara e correta da verdade, sem uso do juízo ou da reflexão, sem qualquer iluminação milagrosa; o Tele é a parte do ego não afetada pela auto-sugestão e pela qual o paciente avalia o terapeuta e percebe intuitivamente que espécie de homem ele é, num movimento recíproco.

A intersubjetividade é a inter-relação dos fenômenos psíquicos revelados em função da relação intencional, é a intercomunicação de consciências e de subjetividades, pelo que o homem é coexistente. Tele é mútua percepção íntima dos indivíduos, o cimento que mantém os grupos unidos, os seus participantes coexistentes.

Para haver Tele há de haver, pois, intencionalidade, intuição e intersubjetividade.

A partir de seu conceito, inserto como está na prática do psicodrama, é que Moreno pretende dar instrumentos para que a fenomenologia, na psicoterapia, saia da reflexão teórica e pragmatize a vivência de seu método.

Moreno deixa-nos entender que foi em suas experiências com o teatro da espontaneidade que observou, na relação dos atores, um fenômeno que superava a empatia de Theodor Lipps e a transferência de Sigmund Freud e a que chamou Tele. Os fenômenos antecedentes tinham o caráter unidirecional, e o Tele era definido exatamente com a característica bidirecional, de mútuo trânsito, atingindo a um só tempo todos os indivíduos nele envolvidos.

Lanço a hipótese de que o reconhecimento do Tele por Moreno não se deveu a uma observação aleatória, mas teria sido resultado de uma preocupação teórica sistemática, a partir da "conserva cultural" de sua época, para finalizar-se em conceito criativo, totalizador e pragmático. Não podemos nos esquecer de que ele foi estudante de filosofia e matemática no Departamento de Filosofia da Universidade de Viena (1909-1911), sempre preocupado com temas desse nível, e viveu o impacto das idéias fenomenológicas e existenciais de seu tempo.

Tele é o desdobramento do conceito filosófico e poético do encontro que por sua vez desdobra-se na técnica da inversão de papéis.

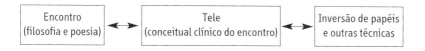

Transferência

Falar em Tele é falar também em transferência. Por isso, antes de estabelecermos as coordenadas de uma discussão necessária, vamos esclarecer, de forma sucinta, o que seja a transferência na psicanálise, em meu entendimento.

Trata-se de fenômeno psicológico-relacional de características universais, ocorrendo sempre onde haja duas ou mais pessoas e circunstâncias coadjuvantes. É um fato natural, normal e, até mesmo, imperativo do relacionamento humano. Nos primeiros tempos de uma relação as pessoas estão ligadas entre si por uma ficção, por uma máscara, por um semblante, numa perspectiva ilusória saída do imaginário e da fantasia.

Todavia, a transferência não é nenhum afeto misterioso e muito menos místico. É apenas a afetividade do cotidiano passível de ser exponenciada sobre a figura do terapeuta, para o bem e para o mal. Não é obrigatoriamente patológica.

O termo "transferência" deverá ser usado só quando nos referirmos a aspectos da psicoterapia ou da análise como movimento pelo qual o infantil surge no processo. No comércio da vida esses fenômenos referem-se às vicissitudes do amor.

De qualquer forma, em ambas as situações, as experiências daí advindas traduzem acontecimentos arcaicos, geralmente com as figuras parentais, reatualizados. Porém, a transferência não é a repetição do acontecido em algum momento da vida, mas sim o seu equivalente simbólico ("no lugar de"). No seu cotidiano, de modo inconsciente, as pessoas aplicam o que ficou das vivências (boas ou más) de sua formação sociofamilial, num processo de deslocamento e identificação que as acompanha pela vida afora. Nem sempre é fácil entender a força da atração transferencial, pelo que a tentativa de sua compreensão se apresenta às vezes como enigmática.

O processo transferencial é quase uma rotina nas salas de aula, na relação aluno-professor, médico-paciente. Os xamãs, sem o saber, trabalhavam com o fenômeno; a medicina sempre funcionou iluminada pelas influências transferenciais; o efeito placebo dos remédios está nessa categoria. Freud já postulara a universalidade do fator transferencial.

A descoberta de Freud foi a de que a relação afetiva entre paciente e terapeuta era mais poderosa na possibilidade de "cura" do que a simples catarse, do que o discurso moralista ou a sugestão hipnótica. Para ele o que realmente funcionava seria a sugestão transferencial. O uso que o paciente e o terapeuta fazem dos sentimentos transferenciais marca as situações emocionais que definem o momento dialético da relação terapeuta-paciente, paciente-terapeuta. Historicamente, o mais famoso e desconcertante caso de transferência, na área das psicoterapias, ocorreu no sentimento declarado de Anna O. de estar grávida do Dr. Breuer. Isso em 1883. Uma gravidez psicogênica, naturalmente.

A fórmula de Freud

A transferência está presente na relação desde o começo do tratamento. Enquanto age a favor do trabalho terapêutico, é o mais poderoso móvel de seu progresso. Transforma-se em resistência quando se torna uma inclinação intensa de desejo sexual ou de impulsos hostis.

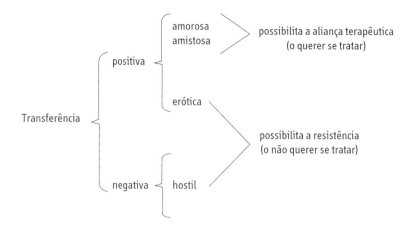

Não se deve nem se pode entrar no jogo transferencial negativo da hostilidade ou no jogo erótico da resistência. O paciente não será rejeitado de modo indelicado ou indignado: o terapeuta deverá ter serenidade e paciência para suportá-lo.

Mesmo que haja um processo transferencial positivo, amoroso, capaz de promover uma "aliança terapêutica", essa ocorrência não é garantia ou certeza de um relacionamento terapêutico irrepreensível, pois mesmo os bons relacionamentos são atravessados por ambigüidades e paradoxos. **Em Freud a transferência está referida sempre ao infantil do sujeito.**

A fórmula lacaniana

"Sujeito suposto saber"

O saber aqui se refere à idealização que o paciente faz do terapeuta, independentemente de que saber ele se refere. Nessa fórmula o paciente não quer saber "qualquer coisa", mas qual é o desejo do terapeuta em relação a ele, sendo essa expectativa retora do processo, a que abre e mantém o jogo do diálogo terapêutico. Também ao terapeuta cabe se perguntar: o que quer o paciente? Qual o seu desejo? Aí está a dialética da psicoterapia. Essas elucubrações não são obrigatoriamente expressadas, porém sempre pensadas. Em Lacan não se interpreta *a* transferência, interpreta-se *na* transferência.

A fórmula kleiniana

Nela interpreta-se a transferência no "aqui e agora" da relação, utilizando-se o conceito de "identificação projetiva".

Na identificação projetiva o Ego colocaria fontes suas (atributos e funções, bons e maus) "dentro" do outro (pessoa ou coisa) para livrar-se delas (as fontes), preservá-las ou, ainda, controlar ou agredir o outro (fase projetiva). Quando o Ego recebe "de volta" a projeção realizada (fase introjetiva), recebe-a com modificações ocorridas por ter-se integrado com os sentimentos do outro. Essa "volta modificada" será sempre vista do ângulo de quem projetou anterior e primariamente.

Essas atividades foram estudadas por Melanie Klein nas crianças. Para o adulto o tema é retomado como linguagem analógica ou metafórica.

Bion, inspirado em Klein, formula o conceito de "*rêverie*" (anteparo) que seria a possibilidade de o terapeuta receber, avaliar, "desintoxicar", metabolizar e remodificar as projeções do paciente, devolvendo-as de modo esclarecido, limpo e suportável ao cliente. Seria como a intuição materna é capaz de fazer diante das ansiedades do filho: a mãe acolhe a criança assustada e a tranqüiliza com carinho.

Outros mecanismos próximos da identificação projetiva são: relação "quase telepática" mãe-filho de Spitz, a mãe "suficientemente boa" de Winnicott, o "con-sentir" de Balint e a já referida *rêverie* de Bion.

Diversificações ou desdobramentos

Há vários tipos de transferências: racional, madura, regressiva, identificatória, competitiva, defensiva, "*acting-out*", "*acting-in*", inversa, o terapeuta como objeto bom, o terapeuta como ego-auxiliar, expectativa de que o terapeuta possa pensar pelo cliente, admiração pelo terapeuta, co-transferência. **O primeiro desejo transferencial seria o da proteção.**

O terapeuta interrogará sempre sobre qual lugar ele estaria ocupando na "economia psíquica" do paciente: o de pai, mãe, professor, sacerdote, amigo, irmão ou um simples conhecido (ou desconhecido) que um dia cruzou o campo emocional de seu paciente?

A dissolução da transferência no contexto analítico aconteceria no andamento do processo, a partir do diálogo terapêutico, não havendo previsão de tempo hábil para isso ocorrer. O Ego do paciente se fortalece de modo gradual e o paciente vai ficando independente para as ações da vida, até prescindir totalmente do auxílio do terapeuta. Ego – torna-se menos medroso e menos culpado. Superego – torna-se mais tolerante, menos ameaçador e menos repressor, menos castrador. Id – torna-se capaz de ser mais bem satisfeito, em maior número possível de pulsões e desejos.

A transferência amorosa positiva por parte do terapeuta (a contratransferência) se dá pela disposição para o trabalho, disponibilidade para ouvir, capacidade de "escutar", intervenções adequadas, silêncio reflexivo, paciência, baixo nível de ansiedade, continência, bom humor.

Momentos transferenciais negativos a serem evitados no comportamento do terapeuta seriam: erotização da relação, agressividade, ironia/sarcasmo, interpretações selvagens/canhestras/paranóides, patologização (diagnósticos agressivos, tais como "é uma histérica", "é um sociopata").

Momentos transferenciais úteis seriam dados pela amorosidade, aliança terapêutica, a força da atração. "Atração no sentido de encantamento que emana de certos objetos, lugares ou pessoas, e que se resiste traduzir em palavras." (Pontalis) Momentos transferenciais difíceis: eróticos (a questão ética), agressividade. Podem-se detectar protestos porque a terapia não está funcionando, porque ela trouxe ao cliente mudanças que ele diz não desejar; depressão e luto; júbilo maníaco; sentimento de engano; declarações de amor intenso ou ódio. Expectativas transferenciais do paciente estão contidas nas frases: "Ele me protegerá. Ele me orientará. Ele pensará por mim". Ele, o terapeuta.

Aspectos transferenciais que provocam o fracasso da terapia ocorrem com pacientes que não desejam se transformar; pacientes incapazes de uma entrega de confiança; pacientes agressivos ou erotizados; pacientes fanáticos, intolerantes, arrogantes ou autoritários; pacientes com convicções religiosas, morais e políticas muito fechadas; pacientes com mecanismos de defesa intransponíveis; pacientes verdadeiramente sociopatas, destrutivos, odientos. Outros aspectos seriam a mobilização excessiva de moções e as resistências do próprio terapeuta.

Reparando um possível equívoco

Discordo de Moreno, e dos psicodramatistas que o seguem na definição, de que a transferência é a patologia do Tele.

Tele, transferência, vínculo, identificação, empatia, imitação etc. são atributos humanos diferentes entre si. Cada um com um tipo de registro no intra e no interpsíquico, mas com a possibilidade de estarem próximos, em participação isolada ou concomitante, no núcleo existencial do indivíduo. Porém, sempre, linguagens autônomas.

Não há razões epistemológicas para que a Tele e a transferência sejam tratadas como seqüência de um mesmo *continuum*. São conceitos distintos, com funções díspares, qualidades específicas e aspectos pragmáticos únicos a cada momento ou em cada situação terapêutica.

Todas essas categorias assinaladas como pertencentes ao núcleo existencial da relação humana, por isso mesmo, encontram-se vivas e dinâmicas nos contextos sociais, grupais e psicodramáticos.

No psicodrama, por força de um ecletismo nem sempre bem-vindo, são muitas vezes usadas como analogias ou sinonímias. Por exemplo, o termo "vínculo", apropriado de Pichon-Rivière (1956/2000), já está confortavelmente inserto na linguagem psicodramática. Porém, não é demais lembrar que o vínculo, dado pela presença física de duas ou mais pessoas, é da ordem do social, da relação concreta e operacional, excedendo os limites das psicoterapias. E merece ser estudado em sua estrutura interna, a relação objetal da psicanálise, bem como em sua estrutura externa, o papel psicodramático.

São essas intersecções, vivência interior e conduta exterior, que possibilitam a integração fenomenológica existencial, psicodramática, psicanalítica e até mesmo aspectos behavioristas do comportamento humano, por meio da noção de vínculo.

Outro conceito a que eu gostaria de dar realce seria o da identificação, ainda pouco estudado em nosso meio, mas bastante destacado pelo psicodrama analítico francês, pela influência de Lacan (1962). Para Freud (1933), a identificação seria um investimento estruturante, não obrigatoriamente sexual, de assimilação do outro dentro de si.

A primeira identificação teria relação com o princípio, com as origens, seja na pré-história da humanidade (ver *Totem e Tabu* de Freud) seja na história pessoal de cada um, no meio em que foi criado. A partir da identificação primordial teríamos as identificações secundárias que continuam a surgir no âmbito familiar, escolar, social e, particularmente, grupal.

Segundo o casal Lemoine (1974), deveríamos estar atentos ao movimento, ao tempo e ao lugar das identificações no grupo terapêutico, pois esse acontecimento seria mais importante do que eventuais ocorrências transferenciais.

Para nós, psicodramatistas, torna-se necessário firmarmos cada vez mais o conceito de Tele, suas interpenetrações com as demais modalidades relacionais, e suas possibilidades e limitações nos processos terapêuticos, pedagógicos e operativos.

- 6 -

FORMAS DO ENCONTRO
– O ENCONTRO CLÍNICO

Por certo, se nos permitirmos a observação cuidadosa, concluiremos ser a experiência vivencial do encontro única em sua essência, em que pesem as inúmeras formas de seu desdobramento à apreciação didática.

Ela ocorre durante toda a vida: já na infância nos arrebata na troca de olhares como prognóstico do primeiro amor e na velhice nos assombra, com olhares introspectivos, prenunciando o último amor, aquele aguardado como o amor eterno. Na juventude e na maturidade, a mesma vivência compõe o jogo dialético dos encontros e desencontros da vida.

Comecemos por falar do encontro passional, o encontro dos amantes, das pessoas que se amam de forma apaixonada e recíproca, sem limitações de qualquer ordem, vivendo por tempo efetivo a experiência da fusão total, ensejando até mesmo a perda da autocrítica ou, como se diz vulgarmente, a perda do juízo.

Nesse tipo de encontro há o enfeitiçamento literal da relação, sua mitificação-mistificação: numa esperança de se negar a morte, na pretensão de realizar a plenitude estética, com a crença de estar realizando o desejo na forma libidinal plena, com o propósito de aproveitamento máximo do contato humano nos seus sentidos biológicos e sentimentais.

Suave é o encontro amoroso em que predominam sonhos e venturas e no qual a sexualidade permeia o acontecimento sem escândalos ou promessas, sem se propor como complicadora ou solucionadora de problemas, envolvendo a relação de modo natural e espontâneo, com oferendas afetivas, estéticas e lúdicas.

O encontro da amizade é forte e terno. Não é aleatório, pelo contrário, tem história registrada ao longo de um tempo, exigindo de seus participantes admiração, generosidade e lealdade mútuas. A amizade verdadeira é cúmplice e protetora, é compreensiva e afável.

O encontro intelectual, instigante e reflexivo, é permeado de simpatia e curiosidade, identificando-se com a tarefa lúdica, enquanto sutis agressões transferenciais e ricas percepções télicas vêm à tona, aquecendo o diálogo.

Há também o encontro agressivo. Função instintiva ou apreendida, ou ambas, a agressividade tem papel bem definido no processo de conservação da espécie humana. Quando estimulada, promove fenômenos psicofisiológicos com respostas emocionais e conativas que vão de uma firme e enérgica ação à violência verbal e física. Apresenta de expressões subjetivas de afirmação, decisão, determinação e denodo, até expressões objetivas de raiva, ira e ódio. Em qualquer forma ela tem profunda conotação com os substratos mais arcaicos da psique humana, ligada às forças libidinais e aos conflitos e angústias do homem, com repercussões no desempenho dos papéis e no processo relacional. O encontro agressivo pode se apresentar como parte do *acting-out* patológico, mas também poderá compor o *acting-out* terapêutico, trazendo conclusões esclarecedoras e construtivas.

Historicamente, duas propostas de encontro deverão ser registradas: o encontro maiêutico e o encontro cristão.

Vamos ao primeiro, em cronologia.

Mestre imaginário criado por Platão para servir de ideal de sábio ou de sábio ideal, ou cidadão de existência concreta, pontificiando na *polis* grega, Sócrates (469-399 a.C.) legou-nos um modo de relacionar-nos com o outro, por meio de debates sobre questões de ordem política, moral, religiosa, jurídica e psicológica. Conta-nos a história que ele tinha profunda convicção de seu "papel de conversador" e a consciência de missão quase religiosa responsável pelo gesto de sacrifício da própria vida.

Seus conceitos éticos propugnavam por vida individual e pessoal, curadora zelosa da "alma", a partir da reafirmação do que estava inscrito no Templo de Delfos: "Conhece-te a ti mesmo".

Pretendia o filósofo a descoberta factual das motivações e necessidades do homem em sua ilusão de ser sábio, localizando nessa busca pretensiosa as fragilidades do ser humano. Dava-lhe, ao seu interlocutor, a consciência de sua realidade e concretude. É de Sócrates: "A maior, pior e mais perigosa ignorância é a que não sabe e crê saber".

No desvelamento da ignorância para alcançar um tipo de sabedoria criativa e construtiva, ele desenvolveu o método de dialogar que consistia em não responder nunca, quando interrogado, às perguntas em si. Para isso usava o subterfúgio da ironia ou da contra-pergunta, usando, por último, o recurso da refutação, quando o outro tivesse resposta. Partejava o diálogo, na certeza de que tudo, toda resposta estava dentro do sujeito em viva potencialidade pronta para vir à luz, à semelhança do nascimento de uma criança. Para ele, o encontro com o outro ou consigo mesmo ocorreria a partir da consciência da própria ignorância e da busca da Verdade no seu desiderato religioso e sagrado.

Estudiosos da maiêutica identificam no método não só efeitos intelectuais, mas também psicológicos e terapêuticos, colhendo pelos diálogos de *O banquete* de Platão lances de intensa participação emocional.

O segundo tipo especial de encontro é o ágape cristão. Nos primórdios do cristianismo, ressalta-se a cena da Última Ceia, em que se propõe o compromisso fraternal e solidário dos homens em torno da idéia básica do amor ao próximo. Nesse tipo de encontro, a profunda dor e a pura alegria deveriam ser compartilhadas no silêncio da oração, na crença misteriosa, na fé indizível e na (a)ventura imprevisível.

Como exemplo dessa relação a literatura registra os encontros de Leon Bloy. Poeta e visionário francês, auto-evocado como o "mendigo ingrato", pouco considerado pela hierarquia da Igreja Católica, ele marcou nos anos de 1910 prodigiosa presença na vida de inúmeros intelectuais convertidos à religiosidade: os seus diálogos com Jacques Maritain e sua esposa, Raissa, com Pierre Walcheren e sua esposa, Christine, são exemplos de encontros divinamente transformadores.

Do encontro existencial é necessário abordar as idéias de um autor posto entre o existencial e o místico, que é Martin Buber (1878-1965).

Ele era notável conhecedor da tradição bíblica e da prática hassídica, estudioso da sociopsicologia, criador da filosofia do diálogo e escritor de vasta obra em que se sobressai *Eu-Tu* (1977), em cuja leitura nos é permitido mergulhar no fascinante universo das combinações Eu-Isso e Eu-Tu, "palavras-princípio" que anunciam o homem inserto no mundo. Eu-Isso traduz o mundo da utilização, da instrumentalização, da experiência; Eu-Tu traduz o mundo da relação, da relação do homem com três áreas: a da natureza, a dos homens e a dos seres espirituais. O Eu-Isso é a experiência, o distanciamento do Tu; o Eu-Tu é a relação recíproca, em que o Tu não pode ser coisificado.

Essas "palavras-princípio" não seriam só combinações vernáculas, seriam atitudes. Atitudes fugazes e reversíveis: o Eu-Tu cedendo lugar às experiências do Eu-Isso e o Eu-Isso cedendo lugar às relações do Eu-Tu. Num movimento dialógico que legitimaria o lugar do ser humano no mundo, pois só esse movimento caracterizaria a existência.

Preparando o caminho do Eu-Isso para o Eu-Tu, existiria a "distância originária" que, como um lapso de tempo, permitiria a aceitação e a confirmação ontológica dos dois pólos.

Para Buber, o encontro ocorrerá dentro da relação Eu-Tu e será autêntico quando inexistirem interposições de qualquer ordem, preconceitos, fantasias e até mesmo memória. "Se há obstáculos, não há encontro", diz o filósofo.

Mas, ainda que as digressões filosóficas de Buber tenham sido utilizadas para aplicação pragmática à psiquiatria, à psicologia, à psicoterapia e à pedagogia, não podemos nos desviar da evidência de um homem místico que, como tal, conceituava o encontro em sua grafia maiúscula, no qual o ato de encontrar consistiria em "restabelecer as ligações cósmicas da origem, onde as centelhas divinas contidas transformar-se-iam no relâmpago da vivência da relação integral".

As experiências de culminância de Maslow, e as formas de experiências transpessoais de que nos fala Pierre Weil, sem dúvida passam por esses parâmetros ou, pelo menos, tangenciam-nos.

Nos anos de 1960, nos Estados Unidos, pegou a moda dos encontros grupais, inspirados em propostas de Kurt Lewin, Carl Rogers, Frederick Perls, J. L. Moreno. Formou-se a partir daí uma verdadeira "cultura do encontro", não só com suas técnicas variadas, mas, principalmente, com sua ética e seu "modo de vida". Esalen, na Califórnia, ficou na história.

Os encontros grupais se caracterizariam por: ênfase aos sentimentos, afetos e emoções, surgidos na experiência relacional concreta do "aqui e agora"; proposta de abertura para o outro com significativa dose de honestidade, lealdade; vontade espontânea, calorosa e verdadeira de conhecer o outro e dar-se a conhecer ao outro; busca do "conhece-te a ti mesmo" com igual dose de honestidade-lealdade para consigo mesmo; sentido de responsabilidade no trato com os sentimentos dos outros e com os próprios; estímulo à espontaneidade-criatividade e opção existencial, clara, consciente, coerente, autêntica.

Do encontro moreniano, o desenvolvimento de suas idéias, particularmente, minha experiência clínica encontrou em J. L. Moreno, ou seja, na sua disposição de superar o encontro filosófico ou místico, a resposta para as dúvidas que as primeiras lições de psicodrama não me haviam esclarecido.

Do encontro psicanalítico se afirma ser o encontro impossível. Se de um lado propicia contexto relacional de regressão, para instalar na relação a "neurose de transferência" do paciente, de outro lado nega-se-lhe a realização da expectativa transferencial, pois o analista não irá satisfazer o analisando em seus desejos. Processo penoso, doloroso até, de amadurecimento, porque feito de fantasias, perplexidades, ambigüidades, frustrações e renúncias.

102 • Wilson Castello de Almeida

As análises "linha-dura", sem colo e sem maternagem, realizadas por puristas intransigentes, nem mesmo admitiriam o sentido do encontro: as relações humanas seriam tratadas como projeções transferenciais de antigos desejos, jogando o sujeito no solipsismo com a força da afirmação sartriana: "O homem nasce só, vive só e morre só".

Tantas são as psicanálises (das canônicas às transgressivas) que a apreciação precedente corre o risco de não corresponder às linhas que articulam a posição neutra com a posição compreensiva, permitindo a percepção real e mútua do que acontece na relação, ao que J. L. Moreno denominou Tele.

O encontro clínico

Sem dúvida, qualquer encontro humano traz todas as contradições da condição e da natureza humanas, num jogo expressivo do esconder-se e do mostrar-se, num duelo de forças intelectuais, morais e emocionais, na busca sempre renovada de misterioso objeto do desejo, na exploração de sentimentos de inveja, ciúme e competição, mas também na abertura para o outro, iluminando e engrandecendo a relação, com Amor.

O encontro psicoterápico situa-se como um código particular entre terapeuta e paciente, que surge da própria história do desenvolvimento da medicina, em que se conciliam a singularidade da relação e a administração do saber nos seus sentidos restrito e social, mantendo vivas e transmudadas em "ciência" características significativas dos demais encontros.

Isto é o encontro clínico: a inclinação, o debruçar-se, o diálogo que olha, o olhar que ouve, na pureza do silêncio, na maestria da técnica, em que pensamento e sentimentos, gestos, mímicas e ação se despem do grotesco e do condicionado para nos oferecer a personalidade desnudada, espontânea e criativa.

A clínica, ainda que assimétrica por sua própria natureza, não pode ser exercida como poder, dogma, ideologia, doutrina. Não é exercício autoritário, pressupõe esperar o paciente: ver, ouvir e sentir acima das percepções da neurofisiologia.

Exatamente por ser clínico, o encontro psicoterápico não deveria propor intervenções erradicadoras, incisivas. Por isso, são interessantes as formas de intervenção técnica suaves, sem o *furor curandis* das dramatizações compulsórias, estimulando, no mais das vezes, simplesmente a relação dialogal dos pacientes.

O encontro clínico requer do terapeuta um modo sereno no acompanhar o processo do paciente, acreditando em suas potencialidades criativas, evitando episódios de *folie à deux*, exigindo, pois, adequada distância paciente-terapeuta, de tal forma que não seja excessiva denunciando desinteresse, nem muito próxima prenunciando intimidades.

Nesse ponto discute-se a presença da sexualidade na relação terapêutica. Freud alerta-nos para o fato de que esse desejo por parte do paciente estaria vinculado à expressão transferencial e debita o congresso sexual entre profissional e paciente a "analistas jovens, nervosos e abstinentes", condenando-os em nome da tarefa médica. Pode-se ver que o mestre de Viena elevou o comportamento ético à condição de técnica terapêutica.

Hipócrates já registrara em seu tempo (460-351 a.C.):

> Na casa onde eu for, entrarei para o bem dos doentes, abstendo-me de qualquer mal voluntário, de toda sedução e, sobretudo, dos prazeres do amor com mulheres ou com homens, sejam livres, sejam escravos; o que no exercício ou fora do exercício e no comércio da vida eu vir ou ouvir conservarei como segredo.

Não se exclua, no entanto, o amor, a libido e o erotismo das relações terapêuticas, pois elas são dinâmicas críticas para o próprio objetivo do tratamento. O seu manejo revela, sim, um dos momentos mais éticos do encontro.

Por meio do diálogo, da interpretação ou da dramatização, o encontro clínico requer do terapeuta o trabalho de busca, estimulando-se sempre a dinâmica renovadora do perpétuo "vir-a-ser", mais do que a detecção de causas, interpretando *com o* paciente e não *para o* paciente.

O encontro clínico passa pela disponibilidade do curar, na sua acepção etimológica, do cuidar em sua intenção médica; passa pelo conceito de demanda, no sentido mesmo da necessidade real e concreta do paciente.

Não podemos fugir da verdade da nossa profissão de psicoterapeuta: ajudar o paciente, cuidá-lo com desvelo, não para aprisioná-lo em esquemas regressivos, mas para oferecer-lhe instrumentos com que possa assumir sua plena liberdade/espontaneidade. Etimologicamente, terapeuta significa servidor.

Cala fundo como exigência da prática clínica a pergunta: como utilizar os conhecimentos filosóficos, médicos, psicológicos, psicodramáticos e psicanalíticos de modo que sejam úteis ao paciente?

Sem esta resposta poderemos ter muitos encontros, mas pouco tratamento.

7

VIVÊNCIAS E RE-VIVÊNCIAS GRUPAIS

Vivência é neologismo espanhol proposto por Ortega y Gasset com a finalidade de verter o vocábulo alemão "*Erlebnis*", usado por Husserl para dar sentido à experiência vital interna, subjetiva, originada de percepções internas e/ou externas, vividas pelo sujeito.

Com efeito, dentro da consideração geral do psíquico como um todo unitário, dinamicamente estruturado e integrado, o fato típico fundamental é a "vivência", vocábulo com que se designa tudo que é "experiência interna vivida", ou seja, tudo que transcorre, a cada instante, no âmbito subjetivo da consciência individual. Vivências são, por conseguinte, os próprios conteúdos reais, imediatos, da consciência mesma de cada um, vale dizer — os dados perceptivos, representativos e ideativos de nossa mente, bem como os produtos forjados por nossa imaginação; e, ainda, nossas emoções, desejos, decisões; os momentos de êxtase, os assaltos da dúvida, arroubos, ímpetos [...] tudo isso, enfim, que se passa nos recessos claro-escuros da experiência anímica individual. (Nobre de Melo, 1970)

Poderíamos acrescentar que os produtos do inconsciente e do co-inconsciente, à medida que se fazem conscientes, passam a compor o elenco de experiências acima arroladas, tornam-se vivências.

A experiência da vivência é sempre na dimensão do tempo presente, no "aqui e agora". Esse momento coloca o sujeito diante das possibilidades de sua transformação ou da transformação de suas possibilidades. Instante crítico, de busca e medo, de ameaças e esperanças, de ansiedade e paz. Quer-se uma resposta e uma saída. Nessa experiência vivencial promove-se a integração do passado, que é memória, com o futuro, que é imaginação, no presente, que é o corpo, o "aqui" fundamental.

A vivência se constituiria no acesso à compreensão fenomenológica, ou seja, é na vivência que a intencionalidade, a intuição e a intersubjetividade surgem para permitir o desvelamento dos fenômenos psíquicos do ser. É na vivência que se instala o Tele. Registre-se que todas as vivências psicodramáticas ocorrem no "aqui e agora" da terapia, o que em termos morenianos quer dizer: a emoção e a ação deste momento é que terão valor terapêutico. A possibilidade de expressar o sentimento vivenciado neste momento é que dará o sentido do verdadeiro sentimento.

Van den Berg (1966), psiquiatra fenomenólogo, conta-nos uma historinha ilustrativa.

> Um rapaz está conversando com seus pais a respeito de sua infância. Diz ele: sempre me lembrarei das tardes de domingo! Quando os pais lhe perguntam o que queria dizer com isso, ele acrescenta: domingo à tarde! Nunca nos sentíamos tão rebeldes como quando os ouvíamos dizer: vamos dar um passeio. Vestíamos todas as roupas domingueiras e quando saíamos para a rua éramos prevenidos para não andar na lama, sem falar na proibição de trepar em árvores e outras que tais. Via de regra, encontrávamos outros pais pelo caminho, arrastando as suas crianças também limpinhas e de cara triste. Poderia ainda identificar os lugares onde tínhamos que ficar horas paradas, com a obrigação de nos divertirmos. Os pais replicam: quantas vezes você pensa que demos tais passeios? Bem, não posso dizer exatamente – responde o rapaz –, mas acredito que era pelo menos uma vez cada quinze dias. Então você está errado – contestam os pais –, nós também não gostávamos de tais passeios; mas, às vezes, tínhamos que fazer visi-

tas, porém, não mais que uma a cada três meses. E, quanto ao que você diz a respeito das paradas e conversas com outras pessoas, nós detestávamos conversar na rua; apenas trocávamos algumas palavras com os conhecidos e, depois de um ou dois minutos, continuávamos o nosso caminho.

O exemplo pretende demonstrar que o passado nos dá sua mensagem; o seu significado tem força mesmo depois do acontecido, com sentido surgido no agora. Muitos são os meus passados, alguns deles permanecem sem função em minha vida atual. Quando passam a ter uma função, eles tornam-se presentes, mas o "passado presente" existe para mim como ele me parece agora. Não importa que venha distorcido, mistificado, mitificado, diferente, enfim, da realidade acontecida. Para a fenomenologia "o passado é o que era, como parece agora". A recordação do passado sempre tem uma função a cumprir, no momento em que são acionados os mecanismos de memória. Não importa que a função a ser cumprida seja para melhor ou para pior em relação à verdadeira ocorrência. O passado estrutura-se como o arcabouço de um edifício; para o edifício existir tenho de colocar-lhe paredes, portas, janelas, pinturas etc. É o que faço ao me lembrar do meu passado, adicionando-lhe tijolos e argamassas que possuo hoje. A motivação de hoje é que delineia, colore e movimenta a minha vivência de ontem.

Para Walter Benjamin, "a memória é o passado feito de agoras".

Essa clara posição fenomenológica sobre a recordação do passado, seja em termos intelectuais, seja em termos afetivos, leva-nos a compreender o que Moreno denominaria "realidade suplementar", uma técnica para compreender, integrar e curar o ego.

O psicodrama permite que os fatos "acontecidos" no instante da dramatização possam até não ter acontecido em verdade, significando tão-somente fatos subjetivos da necessidade emocional do paciente naquele "aqui e agora". Mas essa "realidade suplementar" terá sentido e significado a ser desvelado no processo psicoterápico.

O psicodrama permite-nos re-viver a cena que não mais existe, e talvez não tenha mesmo existido, aquela que ainda possa ser

idealizada, romanceada, realizada, modificada e, quando não, a cena apenas desejada.

Posto algumas coisas que considero importantes na compreensão das vivências, deter-me-ia, ainda, no que insisto em chamar de re-vivência.

As técnicas psicodramáticas permitem, em certas ocasiões, a encenação de uma seqüência de cenas pretéritas, que vão se estabelecendo com um nexo e um significado até atingir a cena mais significativa (traumas infantis?) em que se supõe poder parar pela qualidade da dramatização ou pela obtenção do objetivo almejado (o que é dado pelo paciente). Remontando essas cenas, sempre se dará um final afetivamente estabilizador por meio do que se convencionou chamar de reconciliação, reparação ou resgate de situações conflitivas ou emocionalmente fortes. Por coerência ao que temos desenvolvido até aqui, os termos "reconciliação", "reparação" e "resgate" não devem ser entendidos dentro de um "voltar atrás" verdadeiro, mas sim em função das emoções atuais, no "aqui e agora" da situação. O passado já era; não é possível atingi-lo jamais. "*Never more*", diria o Corvo de Poe.

A volta à infância é uma metáfora. A chamada regressão apenas identifica o modo de o sujeito relacionar-se à semelhança de suas experiências relacionais arcaicas. A psicoterapia vai apontá-las no "aqui e agora" do desempenho de papéis.

A proposta de dramatizar para desdramatizar tem por finalidade permitir ao indivíduo re-criar, este sim o termo, mais de acordo com o que verdadeiramente ocorre no psicodrama: libertada a espontaneidade, cria-se e re-cria-se. O afeto distorcido, paralisado, em regime de "conserva cultural" dará lugar à espontaneidade e ao momento criador.

Pois bem, essas cenas ora são chamadas de regressivas, ora de reversivas. Não dou a elas o primeiro nome porque seria usar inadequadamente o adjetivo derivado de regressão, que já tem o seu significado estabelecido na linguagem psicanalítica. O que não impede, eventualmente, que ocorram regressões no andamento dessa técnica. Também não uso o termo "reversivo" devido à pouca força se-

mântica e por significar uma volta ao estado primitivo sem a perspectiva de retorno ao estado atual; por significar, apenas, devolução.

Proponho então, ao modo dos fenomenologistas de línguas
não-germânicas, o termo "re-vivência", com hífen.

Re-vivência, em que o hífen reforça o sentido da palavra e expressa a unidade inseparável existente nos vários momentos da rememoração de uma mesma vivência.

Re-vivência, em que o tópico "vivência" tem o sentido husser-
liano já exposto no início deste capítulo: "*Erlebnis*".

Re-vivência, em que foneticamente nos transportamos para a
palavra "revivência", de reviver, que é tornar a viver, voltar à vida, dar
a vida a, reanimar, renascer, readquirir energia, renovar-se, revigo-
rar-se, aparecer de novo, tomar novo impulso, trazer à lembrança,
recordar.

Acredito, pois, que seja essa denominação a que melhor atenda
ao vernáculo, à psicologia fenomenológica e ao psicodrama.

Por fim, não poderia deixar de falar das inúmeras sessões de re-
nascimento que ocorrem, não sem propósito, nas vivências psicodramáticas.

Toda a história da condição humana está registrada magistral-
mente nas várias mitologias. O conhecimento que temos hoje dessa
mesma história, com a contribuição das ciências e do pensamento
racional, não invalida o que é radicalmente constitutivo do ser humano.

As psicoterapias, além do seu objetivo médico, poderão assumir
a tarefa de ajudar o indivíduo a reconhecer sua "história pessoal"
análoga às histórias mitológicas, para que ele possa re-construir
vivências significativas no seu desenvolvimento, re-criando-as conforme o que lhe for necessário e vital para o seu mundo simbólico.

O re-nascimento das sessões de psicoterapia psicodramática
reporta-nos ao mitológico retorno às origens.

Segundo Mircea Eliade (referindo-se às iniciações míticas):

> Os mitos e ritos iniciatórios, de regressos *ad uterum* colocam em evi-
> dência o seguinte fato: o retorno à origem prepara um novo nasci-
> mento, mas este não repete o primeiro, o nascimento físico. Especifi-

camente, há uma renascença mística, de ordem espiritual – em outros termos, o acesso a um novo modo de existência.

No re-nascimento psicodramático o protagonista insere-se em nova matriz de identidade, na busca da autonomia, do pertencer-se. O simples "retornar", "voltar para trás", não teria sentido terapêutico se não fosse dada oportunidade ao paciente de criar no "aqui e agora" uma proposta de vida nova da catarse de integração moreniana. "É o processo, o vir-a-ser, a evolução que corrigem, pouco a pouco, a penosa pobreza do 'princípio'", diríamos, usando ainda texto de Mircea Eliade.

A vivência do futuro faz-se por meio da imaginação, dos sonhos, dos devaneios e das aspirações. Por aí se idealizam os acontecimentos, identificam-se as coisas, ambicionam-se situações, imaginam-se relações. A fantasia é ativada, a vontade consciente é estimulada e o desejo prosaico é acalentado.

Mas essas vivências também sofrem a fluição da vontade inconsciente, do desejo freudiano, em suas manhas e artimanhas.

Ao buscar o futuro, o sujeito descobre-se: estremece ao se perceber animal político, escandaliza-se ao tangenciar a revolução guattariana e fica perplexo quando vê seu projeto de vida animado e identificado nas longínquas relações da infância.

A ida ao futuro poderá, ainda, estar ligada às idéias de novidades, modismos, extravagâncias, buscas aleatórias e riscos de perder-se em novo caos que o remeta às origens.

A ida ao futuro poderá, no entanto, estar condicionada ao projeto, à organização, à liberdade/criatividade/espontaneidade e ao cosmos.

Viver o futuro na proposta do momento é vivê-lo com os afetos e emoções, com a coragem e covardia, de como sou ou estou "aqui e agora", exatamente para ter a oportunidade e a possibilidade de fazer a revisão e a reorganização dos papéis que me instrumentalizam hoje.

Os jogos psicodramáticos e o teatro da espontaneidade reservam o melhor arsenal de pesquisa e trabalho psicodramático para esse tipo de vivência. No contexto psicodramático o profeta, o herói, o santo e o louco existentes em cada homem comum, por isso mesmo ainda sem a convalidação, poderão se realizar em seus desejos prospectivos.

O profeta em sua escatologia, o santo rezando pelo mundo, o herói confirmando a vida e o louco negando-a. E todos com a possibilidade de reformulações para a busca de sua verdade e sua paz. Santo Agostinho apontava para três categorias do tempo: presente do passado, presente do presente e presente do futuro. A título de ilustração, apresento ao leitor o esquema vivencial das psicoterapias quanto ao tempo:

Vivência do passado (memória)	Vivência do presente (corpo-percepção)	Vivência do futuro (imaginação-expectativa)
Pensei	Penso	Pensarei
Senti	Sinto	Sentirei
Fiz	Faço	Farei
Fui	Sou	Serei
Estava	Estou	Estarei
Relacionei-me	Relaciono-me	Relacionar-me-ei

Todas essas vivências ocorrem, obviamente, no presente.

Exemplo clínico

A paciente de 37 anos procura a terapia em virtude das dificuldades em seus relacionamentos amorosos. Toda vez que se defronta com uma situação de namoro, que possa encaminhar para um compromisso mais sério de ordem afetivo-sexual, é tomada de fortes náuseas, chegando mesmo ao vômito.

A primeira entrevista estabelecera um clima de mútua simpatia e colaboração, e as entrevistas seguintes decorreram de modo fácil, com evidente interesse em querer se ajudar e ser ajudada, prenunciando um vínculo terapêutico positivo. Breve, a paciente é colocada em grupo.

Em uma das sessões, ocorre o que segue.

Ela traz ao grupo que está vivendo situação de grande ansiedade pelo motivo mesmo de um incipiente relacionamento afetivo. Ao fazer o relato, é tomada de forte sensação de aperto, constrição, na região epigástrica a que chamarei simplesmente "sensação". Proponho-lhe a concretização daquela sensação psicossomática. Um ego-auxiliar é escolhido para fazer o papel da paciente e esta passa a ser a "sensação" do estômago, o que é concretizado por uma compressão com as mãos sobre a região epigástrica. Investigamos a situação. A paciente volta ao seu papel e o ego-auxiliar toma o lugar da "sensação". Então proponho uma conversa entre a paciente e a "sensação", sugiro inversão de papéis quando necessário, intervindo, como recurso técnico, para fazer perguntas, estimular o diálogo e esclarecer pontos obscuros.

Fica esclarecido que a sensação surge em situações que ela caracteriza como de crescimento emocional (*sic*), quando vai ficando dona de seus sentimentos e ações, quando vai sentindo que já pode conversar com outra pessoa em nível de igualdade, sem complexos (*sic*).

Pergunto-lhe se se lembra de algum momento de sua vida em que isto tenha ficado bem caracterizado. "Sim, em um almoço na casa do meu noivo, quando eu tinha 20 anos."

Proponho a montagem da cena com personagens que dela participavam na ocasião.

À mesa estão os pais e uma irmã do noivo e a paciente; o noivo não está presente, está trabalhando. A conversa decorre animada. Para fins de pesquisa a paciente joga papéis dos participantes. Define-se um clima cordial. Está aparentemente bem. Em solilóquio: "Estou bem, o ambiente está bom. Estou feliz. Me sinto gente grande aqui".

Neste instante, peço ao ego-auxiliar que concretize a sensação. A paciente começa a chorar. Pergunto se a cena daquele instante lhe sugere outro momento da sua vida. "Sim, de um jantar com o meu noivo no restaurante Mesbla, no Rio, quando ainda namorávamos."

Proponho a montagem da nova cena.

Apenas a paciente e o noivo estão presentes. Ela faz um solilóquio em que realça a semelhança de seu noivo com o seu pai (da paciente); o "gênio" quieto, introvertido. Uma nova crise de choro é provocada pela "sensação", num momento caracterizado como bom para a paciente, o que leva à montagem de uma terceira cena, ocorrida no dia de sua formatura, quando tinha 17 anos.

Resumidamente, neste dia ela fora surpreendida pela notícia de que quem dançaria a valsa com ela não seria o pai e sim um tio que lhe era antipático, pois o pai seria internado. (Ocorria que o pai era portador de "doença nervosa" crônica, diagnosticada como esquizofrenia, e era muito discriminado pelos familiares, principalmente pela mãe que amedrontava as filhas prenunciando-lhes riscos de ser violentadas por ele. Naquele dia da formatura, o pai apresentava-se muito agitado, o que, à última hora, provocou o seu internamento em hospital psiquiátrico e a substituição pelo tio no baile.)

A montagem da cena traz para o contexto dramático o quarto da paciente onde ela se aprontava para o baile e recebera a notícia. No aqui e agora do trabalho psicodramático a paciente é tomada de mal-estar na região epigástrica com náuseas. Neste instante proponho-lhe que "vomite", que vomite os seus sentimentos. Chorando, ela é capaz de dizer todas as mágoas e ressentimentos que tem em relação à mãe e aos demais parentes que a isolavam do pai, não lhe permitindo uma aproximação afetiva. Uma cena forte e pungente.

A catarse ocorrida trazia-lhe evidente alívio. Ela se recompunha fisionomicamente e deixava transparecer um momento mais tranqüilo.

Pergunto se ela faz conexões com outras situações semelhantes de sua vida. "Sim, quando minha mãe nos levava para passar as férias no interior, viajando de trem, com evidente intenção de separar-nos do pai. Nós éramos pequeninas [referindo-se a ela e à irmã]. Mas eu não quero continuar, estou cansada, enjoada."

Naquele momento a relação télica que vinha ocorrendo, expressa no vínculo terapêutico positivo, é substituída por uma relação transferencial. No "aqui e agora" do psicodrama repete-se antiga situação de vida: quando tem a sensação de progresso, de crescimento, de enfrentamento, a paciente quer parar. Em outras situações descritas, a náusea; naquele "agora" o enjôo para prosseguir. Ainda que haja um dado real do peso da sessão e efetivo cansaço da paciente, deve-se continuar para não se compactuar com o sentido transferencial do pedido. É apontado o que está ocorrendo e, com a tomada de consciência por parte da paciente, a relação volta a ser télica.

Retoma-se a montagem de cenas. Agora a do trem. Fica claro que a paciente (criança) não quer deixar o pai, tem de ir obrigada para a casa da avó, mas ao mesmo tempo tem medo de permanecer em casa com o pai, se isto lhe fosse permitido. As advertências de sua mãe calavam-lhe profundamente.

Mas estamos no "como se" do psicodrama.

Digo que ali ela pode fazer o que quiser, até contrariar a mãe e ficar com o pai. Sentindo-se estimulada, ela enfrenta o autoritarismo da mãe e chega em casa, onde está o pai. Um sentimento de medo lhe invade. Está dividida.

Proponho-lhe a escolha de duas pessoas do grupo para fazer o papel do pai de modo duplo: uma parte que lhe atemoriza e uma parte que lhe é agradável. Nesta cena ela pode, então, conversar com os dois pais e inverter papéis, em que projeta também suas duas partes: a "perigosa", sexualizada, agressiva, e a "equilibrada", afetiva e afável.

Recriadas as relações com a figura do pai, o que ocorre em clima emotivo, é proposto que ela escolha duas pessoas do grupo para fazer os papéis de suas duas partes, a "má" e a "boa". No papel da "parte má", ela pode abraçar a "parte boa" e dizer-lhe o quanto a admira e gostaria de conviver com ela. No papel de "parte boa" ela pode abraçar a "parte má", perdoando-lhe, propondo também conviver pacificamente, reconhecendo-lhe qualidades de coragem e vida, que promete saber usá-las.

Comentários

Trata-se de uma sessão de cenas de re-vivência e de reconstrução simbólica.

É ainda possível mostrar como o conceito de Tele é uma realidade no vínculo psicoterápico, enquanto o processo transferencial pode ser resistência que se interpõe ao seu acontecimento. Fica demonstrado que a sessão psicodramática só corre bem, permitindo o desvelamento do protagonista, enquanto existir Tele, o vínculo terapêutico positivo.

O estudioso do psicodrama terá visto que me refiro apenas à relação paciente-terapeuta. As relações télico-transferenciais da paciente com as *dramatis personae* de sua vida, não as comento por fugirem do propósito deste exemplo.

A história posterior da paciente confirmou-nos a impressão de que nesta sessão tivéramos uma forma de "catarse resolutiva".

Antes de encerrar este capítulo, podemos indagar como é que os chamados fatores inconsciente e co-inconsciente surgem no decorrer das vivências. Comecemos a falar do inconsciente "*lato sensu*".

> **"*Dramatis Personae*"** era o título que, antigamente, precedia a relação das personagens participantes de uma peça teatral. Moreno usa o termo latino para indicar o rol de personagens que compuseram as cenas fixadas na matriz de identidade do indivíduo: mãe, pai, avós, filhos, irmãos, tios e outros parentes, amigos e conhecidos que são trazidos ao proscênio, expondo a novela familiar.

Inconsciente e co-inconsciente

Muitas são as idéias acerca do inconsciente, mas descrevê-las desde as primitivas filosofias e religiões não é a motivação deste texto. Podemos tentar vê-lo, sucintamente, do ponto de vista biológico, psicanalítico e fenomenológico-existencial, para melhor situar o modo como ele é colocado, posteriormente, por Moreno.

A biologia, ao estudar a anatomia, a fisiologia e a bioquímica do cérebro, onde se sustentam os fatos psíquicos, afirma "a presença de um sistema de forças psíquicas inconscientes (que) se manifestam ao longo de nossa existência" (Moor), identificando essas forças, com a atividade instintiva, corporal, as pulsões fisiológicas e os reflexos condicionados. O inconsciente da biologia radica, pois, no corpo, em sua expressão mais material, identificada com a expansão dos fenômenos neurofisiológicos.

Bassin, pesquisador soviético, usando o método científico do materialismo dialético, não nega a existência do inconsciente, mas prefere dizer "das formas não-conscientes da atividade nervosa superior". Para ele, "as manifestações inconscientes podem e devem ser estudadas tendo como base a lógica e as categorias que são utilizadas no estudo de qualquer outra forma de atividade cerebral".

O inconsciente na psicanálise tem dimensão peculiar. Ele não será somente biológico, mas resultará da inscrição do biológico no espaço virtual da fantasia e do simbólico, na ordem psíquica, em função da pulsão (*Trieb*) recalcada.

Lacan propõe a linguagem como sede privilegiada do discurso entre consciente e inconsciente, o lugar onde o desejo se explicita.

O inconsciente em Lacan é diferente do de Freud. Neste, o inconsciente é estruturado como uma linguagem. Em Lacan o inconsciente é um efeito da linguagem, e não a própria linguagem. Assim o inconsciente como resultado, conseqüência e finalidade da linguagem é o próprio sujeito falante ou a expressão de seus fatores pulsionais.

Para Jacques Derrida, em entrevista a Elizabeth Rondinesco (2001), o conceito de inconsciente teria sido uma "arma provisória" de Freud, hoje ultrapassada e sobre a qual não se falaria mais na atualidade, passados cem anos.

Laplanche e Pontalis (1976) retiram de Freud dois sentidos para o inconsciente:

1. o sentido descritivo, amplo, que o define como "o conjunto dos conteúdos não presentes no campo atual da consciência", é o mais simples e claro;
2. o sentido tópico, restritivo, que o define como "um sistema constituído por conteúdos recalcados aos quais foi recusado o acesso ao sistema pré-consciente-consciente", é o que pro-

voca polêmica, contradições, dúvidas e críticas. E tanto mais quando, na segunda tópica, Freud identificaria o inconsciente ao Id, com distribuições parciais para o Super-Ego e o Ego, em formas energéticas e econômicas. O que é interessante no inconsciente freudiano é o seu aparecimento na clínica, por meio da ideação e do comportamento. Sintomas, lapsos de linguagem, lapsos motores identificam-no.

O importante é que, se Freud não determinou a natureza do inconsciente, abalou o conceito da consciência como centro do universo psíquico, de modo que fizesse que a questão da consciência passasse a ser "tão obscura quanto a questão do inconsciente", como disse Paul Ricoeur (1972).

Anote-se bem, tanto para Freud como para Lacan o inconsciente seria sempre individual, próprio de cada pessoa, confirmando o sujeito da palavra.

O inconsciente coletivo de Jung e o inconsciente grupal (coinconsciente) de Moreno seriam a conjunção de elementos do inconsciente individual com os elementos daquilo que é coletivo, grupal, somados ao que é da cultura e do processo civilizatório, sendo estabelecidos, enfim, pelos laços sociais regulados pela linguagem a que se chama discurso.

Acusada de não aceitar de forma alguma a noção do inconsciente, o que os textos de Sartre reforçariam, a fenomenologia tornarse-ia mais permeável à medida que se pôde encontrar em Husserl elementos teóricos para isso, quando o filósofo fala do "horizonte da consciência" e das "potencialidades da vida intencional", afirmando com ênfase que o centro do universo psíquico não é nem a consciência nem o inconsciente, e sim a existência.

Mas, se o inconsciente que se atribui a Husserl pode ser equiparado ao freudiano, no sentido descritivo, amplo, ele não o pode ser quando abordado no sentido tópico, restritivo. A aproximação nesse caso torna-se impossível, porque aí o inconsciente ganha uma estrutura dinâmica singular e substantiva, patrimônio indiscutível da psicanálise.

Lauteri-Laura diria que "os laços entre a fenomenologia e o inconsciente são múltiplos, difíceis e essenciais".

Moreno tem duas atitudes marcantes a respeito do inconsciente. Na primeira, ele não entra na discussão sobre a natureza do inconsciente freudiano. Prefere adotar o termo "estado inconsciente", em analogia ao "estado de consciência" da fenomenologia que, por sua vez, "tipifica o estado psíquico total, vivenciado no momento". Na segunda, ele cria, à semelhança da co-consciência de Husserl, o co-inconsciente, ou seja, o estado co-inconsciente, que não deve ser confundido nem com o inconsciente individual de Freud, nem com o inconsciente coletivo de Jung, nem com o inconsciente das multidões de Le Bon.

Moreno diz: "Os estados co-conscientes e co-inconscientes são, por definição, aqueles que os participantes têm experimentado e produzido conjuntamente e que, portanto, só podem ser reproduzidos ou representados conjuntamente".

Esses estados desempenhariam importante papel na vida das pessoas de convivência íntima, como pais, filhos, cônjuges, irmãos, e em todo e qualquer grupo estritamente vinculado, tais como os grupos vivenciais, associativos, religiosos, operativos e terapêuticos. Assim, nessa visão por excelência grupal, o tratamento psicoterápico deverá atingir a intersubjetividade, o interpsiquismo, expondo-os na explicitação de estados co-conscientes e co-inconscientes.

Para Moreno, sendo o psicodrama a terapia da relação interpessoal, consciência e inconsciente individuais permanecem em segundo plano, por pertencerem apenas ao indivíduo. Para ele, as propriedades comuns da consciência e do inconsciente, desenvolvidas no espaço comum do processo psicoterápico, num esforço combinado de dois ou mais indivíduos, encontraram no psicodrama a sua matriz. Então, a partir do "estado co-inconsciente" definido por Moreno, pode-se entender melhor as reais possibilidades da "inversão correta de papéis" e a dinâmica que permeia o teste sociométrico. Volpe, em sua tese *Inconsciente e destino* (1985), amplia o conceito de co-inconsciente, argumentando o psicodrama a partir da tragédia grega. Para ele, o co-inconsciente não se conformaria somente dentro dos pequenos grupos, mas seria visto como o *script* da existência maior e a distribuição da parte que cabe a cada um, nessa "representação", numa dinâmica característica do destino, a *Moira*, para os gregos.

Para os espíritos insatisfeitos e curiosos permanece a interrogação: o inconsciente freudiano, onde fica no psicodrama? A que se poderia aduzir: e o inconsciente junguiano, e o biológico? E outras perguntas: a catarse de integração, por definição, permitiria atingir apenas o inconsciente comum do grupo, ou poderia atingir o inconsciente freudiano? Ou este último pode expressar-se por meio do estado co-inconsciente permitido pela catarse de integração? Façam-se inúmeras indagações. É bom perguntar.

Em que pesem todas as dúvidas e perplexidades levantadas, Moreno obriga-nos a repensar o inconsciente dessubstantivado, ao nível de intencionalidade, intuição e intersubjetividade, ocorrendo na inter-relação pessoal. Por isso se diz que em psicodrama interpreta-se *com* o paciente, quando houver motivo para fazê-lo, sendo o paciente, também, sujeito da ação.

Todavia, quero expressar um olhar adjuntivo ao inconsciente grupal, como eu o entendo.

Se nos envolvermos aqui com o inconsciente individual, endossomático, resultante da inscrição das funções biológicas no espaço virtual da fantasia e do simbólico, para nos expressar por meio da palavra, ou dizendo de outra forma, inconsciente resultante da expressão da pulsão (*Trieb*) recalcada na ordem psíquica, não acharemos tempo para falar do inconsciente no grupo.

Mesmo o que Freud nos diz sobre a psicologia das massas, em que pese o alto teor de especulação filosófica, não contribui de modo relevante para o tema do pequeno grupo social.

Foulkes, psicanalista e um dos mais eminentes estudiosos da psicoterapia de grupo, lembra-nos que a situação do grupo modifica todos os processos e introduz fatores novos, secundarizando o inconsciente freudiano dentro do processo inter-relacional.

Falar do inconsciente no grupo é falar do inconsciente social daquele grupo, e este é o que abriga ideações, sentimentos e comportamentos surgidos em função das influências que os indivíduos exercem uns sobre os outros, num regime de mutualidade e também em função da influência que o grupo, como um todo, numa composição gestáltica, exerce sobre cada indivíduo dele participante.

Acresça-se a isso o fato de os indivíduos não terem consciência clara dessa influência, podendo subestimá-la ou, até mesmo, negá-la.

No grupo caberia, a cada um, perceber o seu papel participativo no jogo da relação, tomando consciência da sua parte.

O inconsciente no grupo é interpsíquico.

Se para o inconsciente freudiano, intrapsíquico, pode-se cunhar a frase "sei mas não sei que sei", para o segmento indizível da alma posto em relação, presente no interpsíquico, pode-se grifar: "Sei mas não posso deixar saberem que sei".

Nesse espaço registram-se o que pensamos sobre o outro e não falamos e o que pensam sobre nós e não falam.

Desvelar, pois, a inércia social do medo e da vergonha, do orgulho e da vaidade, da desconfiança e do preconceito é tarefa mesmo das psicoterapias de grupo, em particular do psicodrama, no ambiente protegido do contexto terapêutico.

Moreno propõe, de forma incisiva, o "*acting-out*" terapêutico, para viver e explicitar esse subjetivo secreto.

No contexto das cenas psicodramáticas, vivenciadas no "como se fosse", todas as formas de comportamento, toda existência estagnada, todo relacionamento posto em suspensão podem se realizar. Proféticas, desviadas da norma, não-institucionalizadas, neuróticas, psicóticas, normóticas, todas essas formas podem deixar de ser inconscientes, vindo à luz do grupo.

Trata-se de proposta verdadeiramente revolucionária na história das psicoterapias.

Primeiro é preciso preparar o grupo, comprometê-lo na tarefa. Não se trata de usar apenas as técnicas psicodramáticas de aquecimento; cumpre refazer toda uma ordem cultural, minimizando-se o temor, removendo-se a dúvida, afastando-se a suspeita.

Deve-se exercer a "compreensão" no seu sentido mais amplo, participativo e moderno. É preciso que o Amor, seja no sentido cristão, no sentido de Laing, no de Bion, no de Espinosa ou no de Moreno (Tele), supere a má vontade, o desinteresse e os melindres, e que o grupo se torne expressivamente afetuoso.

Uma utopia posta como meta do processo relacional.

Que da fraqueza de cada participante o grupo encontre coragem suficiente para acolher com seriedade e carinho o que está entalado na garganta de cada um. Que a fraqueza se transforme em franqueza. Que se explicitem as emoções, a imaginação e o desejo. Mas não se trata de uma simples catarse, e sim de uma catarse de integração, diria Moreno.

– 8 –

A QUESTÃO DO DIAGNÓSTICO
– O PSICODRAMA E A FENOMENOLOGIA

Existe uma lenda de que o método fenomenológico-existencial, na psiquiatria e nas psicoterapias, prescindiria do diagnóstico médico. Acredito que haja um equívoco e vou tentar desfazê-lo com um pouco da história da antipsiquiatria, movimento responsável em parte pela difusão dessa idéia.

Após a Segunda Guerra Mundial, finalizada em 1945, surgiram na Inglaterra as "comunidades terapêuticas" capitaneadas pelo psiquiatra Maxwell Jones. O termo "comunidade terapêutica" foi proposto por Thomas Mann em 1946. O princípio básico dessas comunidades era o princípio moreniano de que "os chamados doentes mentais teriam um potencial terapêutico que os beneficiaria e também aos outros doentes da comunidade". Coincidentes ou inspirados em Moreno propunham uma cura dinâmica à base das técnicas grupais.

Em 1970, em São Paulo, o V Congresso Internacional de Psicodrama e Sociodrama realizou-se juntamente com o I Congresso Internacional de Comunidade Terapêutica, firmando a identidade dos dois movimentos. Já nos anos de 1960 houve uma expansão dessas comunidades com a liderança de David Cooper (1962) em Londres na Vila 21, Ronald Laing (1965) na Kingsley Hall, também em Londres, Franco Basaglia (1967) na Itália, no Hospital de Gorizia, Milão.

A partir dessas comunidades surgiu o movimento da antipsiquiatria, com forte conteúdo político, de inspiração no socialismo marxista, romântico e esperançoso, e pautado pelos fundamentos da fenomenologia existencial.

Um autor importante para essas idéias foi Thomas S. Szasz que, em seu livro *O mito da doença mental* (1961), defendeu a tese de que a doença mental inexistiria, sendo tão-somente a má representação dos papéis sociais. Szasz inspirara-se na obra alentada de Michel Foucault, cujas perspectivas, axiológica e terapêutica, ligavam-se à fenomenologia e ao estruturalismo, já ao início de sua vida acadêmica e com expressão maior a partir de 1963 com *O nascimento da clínica*.

Laing denunciara a psiquiatria e a psicanálise por proporem estudar um ser humano distanciado do seu *locus* social, separado dos outros homens, e subdividido em instâncias, aparelhos, classificações, objetos, negando-lhe a totalidade do modo de ser e o direito à loucura. Num discurso da radicalidade propunha possibilitar ao indivíduo ir a fundo em sua "metanóia", sem usar qualquer tipo de medicamento e tão-só com o acompanhamento terapêutico livre de preconceitos.

Psiquiatra e psicanalista de formação, Laing aderira à perspectiva existencial do ser humano na tradição de Heidegger, Binswanger e Sartre. Por essa perspectiva, o terapeuta deveria participar do mundo interno de seu paciente sem levar para a relação nenhuma idéia preconcebida, nenhum conceito já formulado, e até mesmo sem levar a sua realidade a um confronto com a do paciente. Tenta-se compreender o paciente em função de suas vivências e dos fenômenos de seu mundo particular. Uma tarefa muito difícil, pois o que é observável e mensurável é o comportamento. A vivência é subjetiva, é outra coisa. A perspectiva fenomenológica de Laing é igual à de J. L. Moreno: "A maneira como eu vivo o outro e a maneira como o outro me vive". Porém, Moreno apresenta a técnica da inversão de papéis para instrumentalizar essa pesquisa.

Movimento contestatório dentro da psiquiatria clássica, a antipsiquiatria marcou presença em sua época, permaneceu na história da medicina e estimulou muitas mudanças no tratamento do paciente psiquiátrico, com ressonâncias positivas nos dias de hoje.

Laing e Basaglia estiveram no Brasil em períodos diferentes e, por gentil convite do amigo Plínio Montagna, anfitrião, tive a oportunidade de conhecer e conversar com Ronald Laing, mito da moderna psiquiatria. Em minha memória registrei uma figura interessante, enigmática, mas amorosa e reflexiva, sempre estimulando-nos o pensamento da clínica fenomenológica, em que eu me posicionara para ele como admirador.

A antipsiquiatria é um ideal utópico que no dizer de Stanislas Tomkiewicz (1977), psicopatologista da Universidade de Paris, deveria "ajudar as pessoas a tomar a sua sorte nas próprias mãos e, em vez de se adaptarem à estrutura social, elas pudessem, em conjunto, adaptar a estrutura social às suas necessidades reais". Mas, sabedor das dificuldades de uma revolução de tal envergadura, dá-nos o exemplo de intervenções que, não sendo revolucionárias nem destruidoras da sociedade capitalista, podem trazer mudanças substanciais na prática da clínica psiquiátrica. O movimento psicodramático, enquanto ação grupal, encontra-se nessa área de possibilidades.

Todavia, o diagnóstico tem função bem estabelecida na clínica psiquiátrica e nas psicoterapias. O seu uso é que tem de ser esclarecido. J. L. Moreno indicou-nos três tipos de convalidação psicodramática: a convalidação estética (das representações cênicas), a convalidação científica (em que o diagnóstico se inclui) e a convalidação existencial (em que a fenomenologia expõe o seu projeto).

Com inspiração na medicina clássica, a convalidação científica do diagnóstico psiquiátrico veio se desdobrando em descritiva, anatômica, funcional, etiológica. Esse modelo deu conta de definir tudo o que se denominou até agora "psiquiatria orgânica ou biológica", em que os estados lesivos do cérebro (anatômicos ou fisiológicos) provocariam uma desorganização da vida psíquica. Depois disso, surge um novo momento dos estudos médicos buscando respostas na genética, na imunologia e na bioquímica dos neurotransmissores. Beneficiam-se desse avanço científico a esquizofrenia e os transtornos afetivos.

Por aqui a psicopatologia como fonte diagnóstica vai sendo exigida em minúcias e detalhes com a detecção dos quadros de difícil definição.

Nesse período ocorre a ruptura de correlação direta e obrigatória entre diagnóstico clínico e diagnóstico etiológico. Um fator tóxico, por exemplo, poderá ser responsável por estados psíquicos variados, e fatores variados podem responder por um único estado psíquico. Théophile Kammerer (1986) resume essa idéia em dois pequenos esquemas:

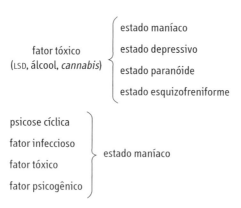

A razão dessa ocorrência estaria na conformação psíquica, na estrutura mental de cada paciente, ainda que não existam estruturas puras.

Em ordem de observação crescente, são cinco as possibilidades diagnósticas: a clínica, a estrutural, a dinâmica, a relacional e a existencial (o modo de ser). Vamos a elas em repasse sucinto.

Diagnóstico clínico

Ao profissional da área psi não é dado renegar o esforço do programa da Organização Mundial de Saúde em estabelecer critérios para descrições clínicas, diretrizes diagnósticas e, por fim, a classificação dos transtornos mentais e do comportamento, expostas no CID-10.

São dados vetoriais de expressão internacional, colhidos de intensa e extensa pesquisa feita entre médicos psiquiatras, psicólogos, neurologistas e dentro de inúmeros centros mundiais de estudo de psicopatologia, tendo por escopo certa uniformidade diagnóstica, equivalência das traduções vocabulares e, tanto quanto possível, avaliação clara das pesquisas clínicas para conclusões suficientemente corretas.

Como toda classificação, desde Lineu, esta não se propõe como produto definitivo, mas sim passível de mudanças, no decorrer do tempo, em função da mobilidade epidemiológica das doenças, da plasticidade da psicogênese e dos fatores de diferença e de evolução sociocultural das comunidades humanas.

A classificação, do ponto de vista psiquiátrico, auxilia no estabelecimento de três momentos diagnósticos: o provisório, o confiável e o flexível. O diagnóstico provisório ajuda o clínico a não se perder no movediço das hipóteses e, como ele se autodefine, é parcial nas conclusões. O diagnóstico confiável é aquele em que as diretrizes da pesquisa são atendidas em sua plenitude. O diagnóstico flexível, também autodefinido, é aquele que, sem perder informações básicas e de confiança, permite manter uma brecha coerente para outras achegas que serão aproveitadas e incorporadas no decorrer do acompanhamento clínico ou do processo psicoterapêutico.

As classificações do CID-10 podem e devem ser utilizadas nos prontuários médico-hospitalares, nos "atestados médicos" para fins de comprovação perante instituições de seguro-saúde e assemelhados, procedimentos exigidos em medicina legal e judiciária e para o resguardo ético do próprio profissional.

Quase um milhar de títulos e subtítulos compõe a temática da classificação da OMS, pela sua minudência e busca ingente de precisão.

Na prática do psicoterapeuta, superada a fase dita de "estatística médica", o acompanhamento clínico ou psicoterápico do caso vai permitir a coleta de novas informações e novos elementos que irão compondo um espaço maior de entendimento, pois cada paciente previamente diagnosticado mostrará como ele se define e se comporta na situação. Por isso é próprio da fenomenologia dizer que o diagnóstico depende do quadro nosográfico, da situação (*in situ*, diria Moreno) e do modo de ser do paciente dentro dessa circunstância existencial.

O diagnóstico clínico será feito em duas etapas: durante as entrevistas preliminares e no decorrer do processo. Geralmente o que predomina nesse tipo de diagnóstico é o sintoma médico e as síndromes.

Para que o diagnóstico clínico?

Basicamente o diagnóstico é usado para as estratégias de intervenção. A necessidade desse ritual médico explica-se por um conjunto de coisas: perceber a gravidade do caso; definir o uso de medicações, psicoterapia ou ambas; avaliar o risco de suicídio, homicídio, agressões, agitação psicomotora; definir necessidade de internação; criar um termo comum, inicial, para comunicações com terceiros; atender às exigências da estatística e da epidemiologia; avaliar o preparo do próprio profissional para "enfrentar" o desafio.

Feito o diagnóstico provisório, o paciente será colocado em acompanhamento clínico ou em psicoterapia, abrindo um mundo novo onde sua personalidade vai se desvelando com matizes, nuanças e surpresas. O profissional observa e registra os dados objetiváveis, comportamentais e apreende as experiências humanas do paciente, ditas vivências. Em ambos os vieses, o terapeuta deverá desenvolver a sua sensibilidade, sua capacidade de se colocar em "sintonia fina", com observação refinada, no lugar do paciente. A mutualidade dessa ação Moreno denominou Tele.

Diagnóstico estrutural

A noção de diagnóstico estrutural remete-nos ao conceito de estrutura tal como foi entendida por Lacan a partir das obras de Saussure e Levy-Strauss. Ainda que a formulação estrutural já estivesse presente na obra freudiana, Lacan, ao propor o retorno a Freud, foi capaz de rever o legado e trazer novas contribuições esclarecedoras para a clínica do diagnóstico.

A estrutura em Freud refere-se à estrutura mental que se instala no sujeito em virtude da dinâmica processada no complexo de Édipo, em que há três pontos essenciais: o desejo, a castração e o inconsciente, e sobre essa tríade Lacan demonstraria que a "humanidade do *ser* emerge inconscientemente da problemática posta pelo desejo", tencionando estabelecer um paradigma que pudesse oferecer à psicanálise um *status* científico, o que se encontra no princípio básico do estruturalismo: determinar as formas invariantes, as invariâncias, no interior de diferentes conteúdos.

No que diz respeito ao diagnóstico psiquiátrico, Lacan propôs três estruturas fundantes, emblemáticas, que servem de compreensão para todas as outras manifestações clínicas.

De meus estudos colhi dados que compõem o quadro sinótico das estruturas clínicas fundantes, como segue, adaptado de Quinet (2000).

Estrutura clínica ↓	Forma de negação ↓	Local do retorno ↓	Fenômeno psíquico ↓	Quadro clínico típico ↓
Neurose	Recalque	Simbólico	Sintoma	Histeria
Psicose	Preclusão	Real	Alucinação, delírio	Paranóia
Perversão	Desmentido (denegação)	Imaginário	Fetiche	Sexualidade inventiva

Vamos falar de como se forma a estrutura mental básica, fundante, na dinâmica estabelecida entre as figuras participantes do complexo de Édipo diante do desejo e da respectiva castração, ambos em plano inconsciente, a partir das formas de negação.

Recalque (*Verdrängung*) e o retorno do recalque são direito e avesso de uma mesma coisa. O recalcado se exprime perfeitamente articulado nos sintomas e em outros fenômenos da representação psíquica. É típico da neurose, particularmente da histeria.

Preclusão ou forclusão (*Verwerfung*) é o que é recusado ou rejeitado na ordem simbólica com um destino completamente diferente daquilo que é recalcado. O precluído aparece no real do corpo. É típico da psicose, como está posto na própria história da Schereber, exemplo de paranóia. Indica a falta de inscrição no inconsciente da experiência simbólica da castração, experiência normativa que ajudaria na definição sexual da criança, no reconhecimento de seus limites e no sentido de realidade. Em termos sociais o que se observa no cotidiano é que todas as pessoas compartilham da realidade estruturante e globalizadora do senso comum e apenas aquela possuída pelo mecanismo de rejeição ou preclusão não o faz. Incluem-se sob o manto desse mecanismo a paranóia, quadros esquizofrênicos, delírio agudo, alucinações episódicas, surtos graves, atuações patológicas.

A denegação (*Verleugnung*) tem o significado de desmentido, caracterizando a perversão. Vários são os tipos de negação ou denegação da realidade: escapismo, adiamento de compromissos, recusa de enfrentamentos desagradáveis, criação de doenças imaginárias para fugir a responsabilidades, subterfúgios. Geralmente o negador cria falsas situações "mais importantes" para não enfrentar a "mais real". Como mecanismo de defesa pode surgir em quadros neuróticos, mas ele se definirá como estrutura perversa quando sua presença for diagnosticada na forma invariante. Daí o quadro clínico tem outra dimensão.

A perversão em Freud não é aquela registrada nos dicionários: índole má, depravação, traição, deslealdade, ruindade, corrupção, malvadeza, sordidez, disrupção, crueldade. A perversão seria o uso do sexo fora das metas da procriação, desviado, pois, desse objetivo e do objeto correlato. Numa conceituação rigorosa até o beijo seria uma perversão, por unir duas zonas erógenas orais e não duas zonas genitais procriativas.

Muito se pergunta por que Freud não deu outro nome ao que, no seu tempo, se chamava perversão, condicionando outro vocábulo ao novo modo de desenvolver essa tese. Trata-se de uma interrogação inútil, pois ele já colocara idêntica dúvida na palestra "O desenvolvimento da libido e as organizações sexuais" (Conferência XXI). No texto, questionou o porquê de o termo "perversão sexual" não ter sido superado, até então, diante do que ele estudara e definira. E respondeu: "Realmente não sei dizer. É como se as pessoas sentissem as perversões como sedutoras e, no fundo, tivessem de sufocar uma secreta inveja daqueles que as experimentam".

A tentativa de emplacar a locução "parafilia" não teve a competente repercussão e as sociedades científicas mantêm a palavra "perversão" com seus enigmas e mistérios, estimulando, no imaginário de cada um, a sinfonia inacabada do desejo (desejo eternamente insatisfeito), orquestrada pela polimorfia do Kama Sutra secreto.

Alguns significados da perversão, em suas figuras paradoxais, dados pela retórica universal, não me cabe discutir por ora, porém trazem a marca do jogo sadomasoquista em suas variadas intensidades, até nas interfaces com a criminalidade, conforme o paroxismo funesto do filme *O império dos sentidos*. Trata-se do que Camille Paglia denominou "os proliferantes desejos" demonizados na literatura libertina do Marquês de Sade.

É importante registrar que sintomas e comportamentos não são estruturas. Depressão, mania, despersonalização, somatizações, e até mesmo alguma forma de alucinação, idéias deliróides, crueldade e vários comportamentos podem ocorrer em qualquer das três estruturas. E essa é a dificuldade que se coloca ao profissional da saúde mental: tratar dos sintomas e garimpar com especificidade a estrutura subjacente. O que não ocorre de imediato, exigindo um tempo de compreensão para chegar ao diagnóstico estrutural.

Quando falamos em toxicomanias, delinqüência, alexitimia (a incapacidade de se emocionar) e núcleos psicóticos adormecidos, também não estamos definindo estruturas.

A loucura, outrossim, não é estrutura, não é apanágio da estrutura psicótica. O histérico, por exemplo, poderá estar louco, mas nunca será psicótico. Lacan exprimiu em uma fórmula a diferença entre loucura e psicose: "Não é psicótico quem quer". Entre os 16 e os 45 anos o diagnóstico estrutural fica difícil no caso da esquizofrenia, e uma atenta observação deverá registrar pelo menos seis meses de evolução.

Os casos ditos fronteiriços ou limítrofes não se constituem em uma "estrutura misteriosa". Serão sempre vizinhos de outra estrutura, embora continuem pertencendo à estrutura original, específica, a ser definida, a que maior número de dados semiológicos invariantes possa oferecer. Muitas vezes chamamos estados "*borderlines*" pela dificuldade que temos em fazer o diagnóstico, à semelhança da velha medicina que para os embaraços diagnósticos cunhou os termos: "idiopático", "essencial", "atípico", "inclassificáveis" etc.

Vários autores entendem o *borderline* como o portador de quadro clínico em que não há uma estrutura, no sentido lacaniano, indicando, outrossim, um ser confuso, desesperado, desamparado, errático, deprimido e tedioso. Um "ser de não-estrutura", um ser de organização provisória. Sendo provisória, há possibilidade de mudanças.

Assim, o diagnóstico *borderline* é sempre um diagnóstico provisório e deverá ser ponto de partida para as especulações do chamado diagnóstico diferencial, um momento clássico da boa medicina. Betty Joseph (1986) prefere chamá-lo de "paciente de difícil acesso".

O aumento de casos diagnosticados como *borderlines* ocorre em proporção inversa aos dos nossos parcos conhecimentos da psicopatologia. Há na literatura casos de esquizofrênicos que se "transformaram" em obsessivos e psicopatas que se "transmudaram" em pessoas cordatas e religiosas. Atuações ditas anti-sociais também surgem como expressão de uma neurose, que submetida ao contexto terapêutico adequado (individual ou grupal) se beneficiaria largamente. A psicopatologia é uma arte que exige estudo cuidadoso do caso, com escrúpulo e atenção. Ser bom em diagnóstico estrutural requer a vivência diuturna em ambulatórios psiquiátricos, uma marca da clínica lacaniana.

Mas não podemos deixar de registrar que há 25 anos o *borderline* vem se definindo como um transtorno mental da personalidade, inscrito no CID-10 sob a categoria F60-31.

Diagnóstico dinâmico

Falar do diagnóstico dinâmico é referir-se ao desejo. Didaticamente, torna-se necessário expor os três tipos de desejo, encontrados na literatura de modo geral: o desejo consciente, o desejo inconsciente e o desejo analítico.

O desejo consciente diz respeito a vontade, disposição para alguma coisa, anseio, aspiração, cobiça, apetite, concupiscência (desejo carnal, tesão) e outros significados.

O desejo inconsciente estaria ligado à pulsão sexual, que transformada resulta no afeto. Usado como sinônimo de sentimentos e emoções, afeto tem seu significado original ligado à noção de "expressão qualitativa da quantidade de energia pulsional e das suas variações". Mas, sem dúvida, o afeto transformado da pulsão sexual inconsciente tem sua ressonância pelos estados emocionais e sentimentais. É o afeto como expressão dos desvios pulsionais erráticos que permite o aparecimento do comportamento neurótico que Karen Horney resumiu no conceito de "exigência neurótica". Seria a sensação irracional pela qual a pessoa tem o sentimento de que todas as outras pessoas devem estar a seu dispor, para prover-lhe vontades e necessidades. Se não for atendido, o neurótico recriminará o que chama de "tratamento injusto", podendo ser tomado de cólera e desejo de vingança e caindo num estado de autocompaixão e de "gênio incompreendido".

O desejo analítico, aquele estudado por Freud, conceitualmente é o desejo que desconhece a si mesmo e vai ser descoberto no processo analítico, por meio do desvelamento dos sonhos, do ato falho, dos lapsos e dos sintomas. Ao contrário do que muita gente pensa, não é obrigatoriamente o desejo sexual inconsciente. O desejo analítico é eterno e incessante: pode desaparecer o misterioso objeto do desejo, mas este, o desejo da concepção freudiana, não desaparecerá. Para Lacan, o desejo analítico provocaria o desejo do paciente em ter reconhecido o seu desejo.

O desejo, em suas três formas, consciente, inconsciente e analítico, produz comportamentos que só serão passíveis de mudança se seu "portador" estiver comprometido com o desejo de transformação. E como isso se dá? Trata-se de um enigma.

Dois conceitos necessitam ser esclarecidos por fazerem limite com o desejo e, portanto, serem causadores de confusão. É o da necessidade e o da demanda. Necessidade refere-se às demandas fisiológicas: fome, sede, sono, pulsões da autoconservação. Demanda refere-se às necessidades psicológicas. Não à toa vem do termo jurídico "demandar", que é pugnar, lutar para, reivindicar. A demanda inclui as motivações que animam o indivíduo.

As psicoterapias, dialogadas, interpretadas ou dramatizadas, são uma forma de pedagogia, só que de um viés inverso. Enquanto nos ensinamentos pedagógicos o aluno é nutrido de informações, nas psicoterapias o paciente é esvaziado, socraticamente, desvelando suas necessidades, demandas e desejos, possibilidades e responsabilidades.

Dando continuidade à compreensão do desejo, *lato sensu*, adentramos a noção de "conflito psicológico". Assim, pois, conflito psicológico passou a ser considerado como todos os acontecimentos, internos ou externos, que caracterizariam um momento crítico para o ego, de ameaças, oposições afetivas, incompatibilidade com os valores culturais, dúvidas nas atribuições dos papéis psicológicos e sociais do indivíduo, divergências de ordem moral e ética. E, como resquício de antiga conceituação, pode-se falar em conflito como funcionamento de impulsos e pulsões antagônicas.

Todo conflito, seja no plano consciente ou inconsciente, exige uma tomada de posição, uma definição, resultando em uma escolha. De qualquer forma, sempre haverá uma frustração, pois o desejo nunca é realizado de forma plena. O homem será sempre frustrado e condenado a uma ansiedade básica, a angústia existencial.

No ajustamento dos conflitos o ego utilizar-se-á dos mecanismos de defesa ou, no seu fracasso, dos sintomas e das doenças.

O conflito primevo ou primordial estaria radicado nas experiências mais remotas da infância. O conflito atual indicaria a presença de uma contradição entre o desejo consciente e o desejo inconsciente, no momento em que é estudado ou analisado.

Chama-se "situação de conflito" à conjuntura existencial em que uma pessoa se encontra exigida por forças competitivas de igual valor. As técnicas defensivas não resolvem o conflito, apenas o ajustam ou o adaptam. Quando o conflito se acentua, e a tensão (interna ou externa) se torna vigorosa, sem contrapartida eficiente das defesas, ocorre o que Coleman chamou de "descompensação", processo que ocorreria em nível psicológico, biológico e social.

Descompensação seria qualquer redução da integração do ego, sob condições de pressão, criando-se um estado de intensa ansiedade que, dependendo do seu nível, levaria a quadros aparente ou realmente psicóticos por falha das defesas egóicas.

A primeira defesa estudada foi a "repressão", denominada "pedra angular do edifício psicanalítico". Todas as demais atividades defensivas existiriam para reforçar a repressão ou para dar conta do que sobrou da insuficiência de sua ação.

Os limites entre os vários mecanismos defensivos não são nítidos, pois todos se imbricam entre si. Os próprios sistemas sociais erigidos pelo homem, em conjunto ou isolados, podem ser vistos como defesas contra a angústia vital. Para ficar com um exemplo particular, o chamado "objeto transicional" do pediatra e psicanalista inglês Winnicott poderia ser visto como uma defesa. O "objeto transicional" refere-se a qualquer objeto (um pedaço de pano, por exemplo) com o qual a criança, a partir do quarto mês de idade, estabelece um apego, compondo um momento integrante do seu desenvolvimento emocional.

Fique claro que as defesas são sempre inconscientes, cabendo ao terapeuta apontá-las quando necessário, quase sempre pelos caminhos enviesados das metáforas e analogias. O trabalho psicodramático, a partir do desempenho dos papéis, permite a cautela necessária para atingir a questão de forma indireta, conforme inferimos do conceito clínico de catarse de integração.

O estudo dos mecanismos de defesa e a compreensão cada vez melhor de sua dinâmica criaram uma "oportunidade econômica" (Fenichel) que tem contribuído para a sistematização e eficácia das terapias psicanalíticas. E a experiência tem mostrado que no trabalho com "papéis", quando se tem percepção da dinâmica defensiva neles embutidos, o método psicodramático também se beneficia.

O terapeuta suficientemente bom saberá conter o sadismo de desestruturar as defesas apenas pelo prazer de fazê-lo. O observador atilado identificará ou intuirá as atividades defensivas no comportamento de uma pessoa, em suas atitudes, no seu modo de falar, no desempenho dos papéis, no seu estilo de vida, na maneira de relacionar-se com o outro, cuidando, porém, para não cometer interpretações selvagens, canhestras ou paranóides.

Os mecanismos de defesa do ego constituem um arrazoado do que chamamos diagnóstico dinâmico. Remeto o leitor ao meu livro *Defesas do ego: leitura didática de seus mecanismos* (1996). Eis a sinopse desses mecanismos.

1. Atividades defensivas no plano da repressão
- Repressão, recalque ou recalcamento

2. Atividades defensivas para fortalecer a repressão
- Anulação
- Conversão
- Deslocamento
- Dissociação
- Escotomização
- Humor
- Inibição
- Isolamento
- Lembrança encobridora
- Negação
- Racionalização
- Surdez emocional
- Postergação de afetos

3. Atividades defensivas para manter a repressão
- Formações reativas

4. Atividades defensivas regressivas
- Regressão
- Fixação

5. Atividade defensiva precoce
- Clivagem, cisão, divisão, *splitting*

6. Atividades defensivas envolvendo a relação com o outro
- Projeção
- Introjeção
- Identificação
- Identificação projetiva

7. Atividades para a superação de conflitos
- Elaboração
- Idealização
- Renúncia altruística
- Reparação
- Simbolização

8. Atividade defensiva com destaque especial
- Sublimação

9. Atividades defensivas encontradas nas psicoses
- Autismo
- Confusão
- Fusão
- Rejeição ("forclusão", "preclusão")

10. **Outras atividades defensivas**

- Catatimia
- Compensação
- Construção de teorias
- Desatenção seletiva
- Defesas maníacas
- Mecanismos de evasão
- Narcotização
- UR – defesas

O diagnóstico dinâmico ainda nos exige o conhecimento das duas tópicas freudianas: a primeira, que abarca consciente, pré-consciente e inconsciente; e a segunda, com os conceitos de Ego, Isso (Id) e Superego.

Diagnóstico relacional

Este é o mais psicodramático dos diagnósticos. A partir dos movimentos internos do grupo, J. L. Moreno propõe o entendimento da estrutura relacional dos grupos, o que significa dizer de seus participantes, incluindo o terapeuta-diretor e os terapeutas egos-auxiliares. Na situação das psicoterapias diádicas esse objetivo também tem o mesmo valor. No grupo psicodramático observam-se as escolhas da mutualidade feitas entre os seus membros: positivas, negativas e indiferentes, também ditas de atração, rejeição e de indiferença. E por aí surgem as correntes afetivas e as relações estruturais da comunidade estudada.

Recomendo a leitura do livro *Moreno em ato: a construção do psicodrama a partir das práticas*, de Anna Maria Knobel (2004), para se compreender com aprofundamento as idéias de Jacob Levy Moreno e assim aplicá-las em qualquer situação terapêutica – grupal ou individual – que nos exija um diagnóstico relacional.

No caso do tratamento individual pode-se imaginar o paciente com seus grupos internos e externos e as relações sociométricas que ele vai estabelecendo e nos informando. A nossa intervenção ocorrerá com a reconstrução do relatado com as várias técnicas, ensinadas pelo psicodrama, inclusive com o "psicodrama interno" e a "psicoterapia da relação", criação de José Fonseca, em seu livro *Psicoterapia de relação: elemento de psicodrama contemporâneo* (2000).

Papel é um conceito e um instrumento da sociologia (GH Mead) e do teatro de que J. L. Moreno apropria-se para dar-lhes uma função terapêutica.

Papel fisiológico, papel social, papel psicodramático, papel complementar, contrapapel, cacho ou conglomerado de papéis, desenvolvimento do papel, inversão de papéis, jogos de papéis (*role-playing*) constituem a temática fundante e fundamental do psicodrama.

Não se pode esquecer que o psicodrama de Moreno estará sempre observando e intervindo a partir do conceito de papel.

Diagnóstico do modo de ser

O modo de ser é a forma característica, própria e singular, com que cada ser humano se manifesta em sua expressão mais autêntica e espontânea. "É realmente o que faz do homem um homem." Ser de seu modo é ser capaz de inventar um projeto de vida, criar um espaço de existir, dispor do tempo de um jeito criativo e construtivo. O modo de ser é o sintoma.

O diagnóstico do modo de ser é o mais verdadeiro diagnóstico fenomenológico-existencial, propondo-se exclusivamente para um momento da existência.

Até do psicótico pode-se dizer de "um modo de ser". O delírio do psicótico muitas vezes é melhor do que a interpretação do terapeuta, por isso a este caberia testemunhar o que o psicótico tem a dizer, confirmando-o em sua existência. Porém, o trabalho psicodramático com grupo de psicóticos oferece mais: cria a esperança, universaliza as dificuldades pessoais de cada um para o grupo todo, permite abrir informações e a troca de experiências, desenvolve técnicas de socialização, promove a coesão grupal e o sentido de pertencer, ajuda o paciente a assumir responsabilidades (Yalom, 1995).

Remeto o leitor ao livro de Luís Altenfelder, *Psicoterapia de grupo com psicóticos* (2001).

O "modo de ser" de cada um apresenta valores pessoais, familiares, socioculturais, axiológicos, éticos, religiosos, morais, político-ideológicos e resquícios de doenças físicas e mentais, podendo confundir-se, ainda, com os chamados "traços de personalidade" ou "traços de caráter".

A doença propõe-nos *ter* um quadro patológico, o modo-de-ser propõe-nos *ser* o que a natureza nos legou. No caso específico da esquizofrenia, por exemplo, ninguém tem esquizofrenia, a pessoa é esquizofrênica.

O ser humano é lançado no mundo com uma fragilidade que o distingue de outras espécies animais. Os caracteres da espécie e da família são transmitidos por herança junto com os fatores congênitos adquiridos ainda no útero materno. Mas, ao nascer, ele encontra-se em desamparo, a sua primeira experiência emocional. A adaptação ao meio ambiente será lenta, gradual e sofrida, ainda que os circunstantes venham lhe socorrer, e durará o tempo que tiver de vida, ainda que chegue aos cem anos. E cada período etário oferecerá uma vivência, marcando sua personalidade final, pela qual o homem estará condenado a ser livre e será responsável.

Entenda-se, por fim, que o método fenomenológico-existencial só prescinde do diagnóstico médico e de todos os outros na medida em que eles vão instrumentalizando o profissional para estabelecer as estratégias do tratamento. Depois, com o paciente que tenho sob meus cuidados, não importa mais o diagnóstico. Daí para a frente tenho o ser humano com quem vou me relacionar, escutando-o, acolhendo-o, cuidando dele e com ele interagindo, num processo permanente de compreensão sob o "vir-a-ser" fenomenológico.

Então, Ronald Laing, David Cooper, Franco Basaglia estarão cobertos de razão e a antipsiquiatria terá deixado claro o método de que se utiliza para compreender o ser humano em sua totalidade existencial: não patologizar!

- 9 -
A FUNÇÃO INTERPRETATIVA DAS DRAMATIZAÇÕES

Interpretar, segundo o dicionário do Aurélio, é ajuizar a intenção, o sentido de; explicar, explanar ou aclarar o sentido de (palavra, texto, lei etc.); tirar de (sonho, visão etc.) indução ou presságio; traduzir ou verter de língua estrangeira ou antiga; representar no teatro, cinema, televisão etc.); executar (o programa), convertendo suas instruções em código de máquina ao longo do processo; julgar, considerar, reputar.

Nietzsche, no século XIX, afirmara que não existiam fatos, apenas interpretações. Com isso ele reconhecia a herança filosófica do século XVIII e apontava para a filosofia interpretativa do século XX, nicho em que Freud incrustou suas memoráveis descobertas a respeito das motivações inconscientes e dinâmicas, que marcam a biografia e o modo de ser de cada ente humano. As interpretações, na história ou na psicoterapia, são uma versão de quem as inventa.

Na psicanálise, Laplanche e Pontalis destacam o interpretar como investigação do sentido latente existente nas palavras e nos comportamentos dos indivíduos, trazendo à luz as modalidades do conflito defensivo e, por último, do desejo que se insinua na produção do inconsciente dinâmico. De modo clássico dizemos que interpretar é tornar consciente o que era inconsciente, para permanecer fiel à máxima finalizadora de Freud: "Onde estiver o id, o ego deverá instalar-se" ou "Onde está o isso, deve advir o eu", movimentos que permitem a expansão do psiquismo.

O presente capítulo pretende abordar as dramatizações em sua função interpretativa e para isso decidi fazer um percurso pela gênese e história do que seja interpretar, nos contextos cultural, literário, psicanalítico, da analítica existencial e do psicodrama. Vários são os elementos psicodinâmicos que compõem a "intenção da cura" contida no tratamento psicoterápico, em que se insere a proposta psicodramática. Entre outros, temos: a sugestão hipnótica (Charcot), a sugestão transferencial (Freud), a catarse aristotélica, a catarse de integração (Moreno), a elaboração de conflitos e frustrações, a reconstrução da história pessoal para ser ressignificada, o estímulo à vontade de mudanças, a arquitetura de um novo projeto de vida, a aceitação dos limites que a vida real impõe (a castração como metáfora), a reparação das culpas e das agressões, a tomada de consciência dos desejos até então elididos, a compreensão das fantasias e do imaginário, o reconhecimento dos valores caracteriais (axiologia), a percepção da dinâmica defensiva patológica (embutida nos papéis), o apoio à sublimação, a inserção ou reinserção do paciente na vida social e, em todo o processo, a interpretação dos sonhos e dos sintomas.

Diga-se de passagem, qualquer tratamento busca o crescimento emocional do paciente para que ele possa exercer com maturidade sua vida adulta, e para pacientes "sem doença" estaremos pesquisando e proporcionando as reparações (passado) e a realização de desejos (futuro), sempre no presente, no aqui e agora do acontecimento terapêutico, no tempo psicodramático da teoria do momento de Jacob Levy Moreno.

Ao mobilizar e movimentar essa complexa dinâmica, permitindo a circulação livre da energia libidinal até ali estagnada, são utilizadas as intervenções ditas dramatizadas ou dialogadas, compondo a chamada psicoterapia de *insight* para elucidação do que ocorre aquém e além dos níveis conscientes da vida mental. São técnicas que abrem caminho para um tipo de "iluminação interior" com a finalidade de tratar a dinâmica da personalidade, beneficiando o cliente em sua vida subjetiva, íntima, pessoal e, também, relacional, podendo recompor seu mundo afetivo-emocional, dando-lhe vetores novos de comportamento social e possibilidades para o novo projeto existencial.

As interpretações, psicanalíticas ou psicodramáticas, ajudam o paciente a deslocar as fixações neuróticas e a dar destino construtivo às pulsões erráticas do sujeito, com evidente repercussão no exercício dos seus papéis sociorrelacionais.

O surgimento do ato de interpretar até os dias de hoje

Contam as histórias que o ato de interpretar nasceu das expressões oraculares do Templo de Delfos, com o mitológico Hermes, também chamado Mercúrio, sendo portador das notícias (*pítias*) do Olimpo para os pobres mortais. O deus mensageiro levava recados às "pitonisas" e essas, em transe e êxtase, transmitiam-nos aos sacerdotes. O teor das mensagens era ambivalente e ambíguo, porque o arauto da comunicação já as "interpretava" pelo caminho, modificando-as, o mesmo acontecendo com as pitonisas, em estado alterado de consciência, e também com o sacerdote, a quem cabia o direito à última informação, maquiada a seu gosto. O que os deuses verdadeiramente queriam dizer só tomava sentido no coração e nas mentes dos consultantes que, diante da multiplicidade de significações, escolhiam a de melhor sentido, conforme sua necessidade, demanda ou desejo.

Uma característica entranhada em toda tradição interpretativa helênica é a quase nenhuma valorização das mensagens diretas, visíveis, lineares e, sim, o estímulo ao clímax da desconfiança e suspeição, para descobrir o que estaria por trás de qualquer texto, fala ou dramatização. Buscar a resolução do mistério, uma herança clássica do jeito grego de filosofar. A novela policial é seu paradigma. Não à toa o terapeuta é o detetive da novela familiar de seu paciente. *Édipo Rei* de Sófocles é a mais intrigante delas.

Sócrates (470-399 a.C.) pontificava, entre os seus, somente com questionamentos e interrogações. Debatia as questões humanas com a profunda convicção de seu "papel de conversador" em busca do que lhe podia oferecer a curiosidade inscrita no Templo de Delfos: "Conhece-te a ti mesmo". Construiu o método dialético que consistia em não responder nunca, quando interrogado, às perguntas em si. Cabia a ele perguntar, escarafunchar a alma humana, pois tinha certeza de que tudo, toda resposta estava dentro do sujeito em viva potencialidade, pronta para vir à luz, à semelhança do nascimento de uma criança. Partejava com maestria seu método a que se chamou maiêutica.

Tirésias, o cego, é o modelo do interpretador mítico. Por ter sido homem, depois mulher, voltando a ser homem, com a experiência dos dois sexos, foi dotado da sensibilidade para a predição, do dom para a adivinhação e do poder para o vaticínio. É presença na lenda de Édipo. Tinha o condão de saber e poder dizer aquilo que outros estavam incapacitados de perceber. Esse era o lugar do oráculo, do analista predecessor, o primeiro deles.

A cabala, detentora de tradições religiosas judaicas secretas, exercitava a interpretação esotérica, restrita a pequeno círculo de rabinos aficionados do ocultismo. Esse tipo de interpretação caracterizava-se pela incompletude dos significados, exigindo e mantendo, por isso, um sistema contínuo e continuado de descobertas, em que um texto traduzido dava lugar, obrigatoriamente, a outro texto traduzido e, assim, *ad infinitum*. Como em toda iniciação hermética, tudo era segredo, não havia interpretação finalizada. E Deus era escrito JHWH, por ser O Impronunciável.

Do mundo greco-romano à Idade Média deparamo-nos com a exegese dos livros religiosos, principalmente comentários e explicações minuciosas do teor bíblico, numa proeza terrível do entendimento da palavra divina. Essa necessidade de desvelar, revelar, explicar, compreender, traduzir, interpretar, foi-se estendendo às leis, à filologia, aos documentos históricos e, de certa forma, a todas as criações do espírito humano. Chamou-se hermenêutica (de Hermes) a essa preocupação, e os estudiosos destacam seis grandes hermenêuticas do mundo moderno: a de Darwin, a de Marx, a de Nietzsche, a de Freud, a da fenomenologia existencial e a das produções literárias, sendo esta última rastreada pelo estudo da linguagem nos aspectos da semiótica e da semântica.

História psicanalítica da interpretação

De forma muito sintética, pode-se dizer com Freud que ao nascituro não é dada a capacidade de observar as pressões pulsionais a que é submetido, já ao nascimento. Ele não teria as capacidades elaborativa e representacional, mas tão-só a capacidade de descarga motora daquilo que é pulsional. A esse fator é dado o título de "carência fundamental" e diante dela o infante passaria pela "aterrorizante experiência do desamparo". Para enfrentar tal vicissitude haveria necessidade do auxílio da mãe ou da figura substituta que seria, assim, o seu primeiro terapeuta, ego-auxiliar, diria Moreno, com a função de compreender o balbucio, o choro, os gritos, a agitação. Fome, dor, sede? Que desconforto é? Medo, ansiedade, aflição? Que angústia é?

É importante, pois, assinalar a evolução da interpretação na saga psicanalítica. No início, associado a Breuer, Freud não explicitava o interpretar, ainda que a intenção estivesse embutida em suas pesquisas. A cura era dada pela palavra, mais exatamente pela catarse a partir da sugestão hipnótica, em que a palavra já ocupava posição privilegiada.

A própria Anna O. (1880) denominaria a oportunidade de falar e ser ouvida de *talking cure*. Breuer descobriu que a chance de a paciente discorrer sobre suas histórias, ora tristes ora fascinantes, aliviava os sintomas somáticos, ainda que temporariamente. A catarse permitia a rememoração de lembranças nodais, até então inconscientes. A doença era das "reminiscências", a patologia caracterizava-se pela incapacidade de recordar um fato em consonância com a emoção a ele correspondente. Com a mão sobre a fronte dos clientes, Freud sugeria, interrogava e insistia para que ocorressem lembranças, num processo sugestivo, quase sempre com sucesso. Naquele tempo ele acreditava bastar o *insight* para dirimir o conflito e proporcionar a cura.

A paciente Emmy von N. (1889) pediu-lhe que parasse de interrogá-la, permitindo-lhe expressar "o que tinha a dizer". A partir dali Freud descobriu a "compulsão à associação", compreendeu que deveria ouvir seus pacientes nos mínimos detalhes, abandonou as sugestões e se propôs a criar uma "terapia mais sensata", conforme Peter Gay.

Com Elizabeth R. (1892) ele inaugurou o método da associação livre de idéias e descobriu impedimentos e lembranças encobridoras a que chamou "defesas" e depois "resistências". Mas ainda dava muitas explicações ao cliente, explanando-lhe a respeito de "um não querer saber", tentando convencê-lo a superar os "recalques".

O tema da interpretação ficou mais bem delineado na obra *Interpretação dos sonhos* (1900), ligado ao conceito de desejo inconsciente. Nessa fase, Freud cunhou a expressão "psicologia clínica" e, desde então, deixou de "adivinhar" para "elucidar" as fantasias intimamente ligadas à representação do desejo e à sua realização no sonho. O capítulo VII é a chave de toda a obra e marca a inauguração da metapsicologia freudiana, com a noção de inconsciente esboçada. É texto que marca uma mudança radical no método freudiano. Ele abandona a visão fisicalista da mente, de anatomias, neurônios e energias, para ater-se às analogias, criando metáforas e falando-nos do desejo e das idéias investidas de pulsões.

A verdadeira interpretação dos sonhos, conforme essa proposta, exige que conheçamos as associações possíveis do sonho com o cotidiano de quem sonha e com aspectos transferenciais de sua análise. Os sonhos não só significam realizações de desejos (conscientes e inconscientes) que se superpõem em camadas oníricas, mas traduzem, por meio de interpretações bem conduzidas, os desejos mais precoces da infância e até os mais primevos da espécie humana. Em verdade, sonhos registram desejos infantis. A interpretação dos sonhos exige, do profissional que a ela se habilita, um exato conhecimento da biografia do sonhador, bem como de uma intimidade com os aspectos semânticos da linguagem (*lato sensu*), do idioma falado pelo sonhador e da fraseologia da família ou clã em que ele foi criado, alfabetizado, ouviu os primeiros sons e viu os primeiros gestos e olhares. A riqueza da cadeia de significantes para a boa interpretação já estava em Freud (ver o caso Signorelli) e, posteriormente, foi expandida por Lacan.

Na forma inicial de interpretar o sonho, o interpretador trocava o relato do paciente por enunciados supostamente ocultos que a ele, analista, caberia dar significado, traduzindo-o. Freud fazia questão de caracterizar seu modo de interpretar como sendo o de "detalhes" e não em bloco. Para ele um sonho seria um caráter múltiplo, no qual cada coisa teria algo a dizer, porém escondido. No psicodrama pode-se dizer que uma cena poderá se multiplicar por *n* cenas subseqüentes em função de *n* estruturas significantes, contidas na dramatização (ver texto de Pedro Mascarenhas, *Multiplicação dramática*).

Sonhos e dramatização podem ter tratamento idêntico. Quanto aos símbolos que o processo onírico utiliza para se expressar, poderão ter sentido universal (folclore, lendas, mitos, provérbios, chistes) ou conter significados particulares, disfarçando pensamentos encontrados na própria história de vida inconsciente da pessoa e exclusivamente dela. Muitas vezes o símbolo não deve ser visto de forma simbólica. "Um charuto às vezes é um charuto mesmo", diz a anedótica psicanalítica. O sonho é um *rébus*, outro nome dado às "cartas enigmáticas" dos antigos almanaques de fim de ano distribuídos nas farmácias. Como carta enigmática o texto é uma metáfora (condensação) e a decifração da carta é a tradução do desejo e dos deslocamentos pulsionais (metonímia) latentes no texto.

Octave Mannoni insiste que só é interpretação a fala que permita revelar o "sentido enganador" ligado especificamente ao sonho. Numa conceituação radical ele diz que a palavra "interpretar" – a *Deutung* da analítica freudiana – só deveria ser usada quando o interlocutor se referisse a um sonho – *Traum* –, resultando, pois e sempre, em análise do sonho: *Traumdeutung*. Em que pese o valor dessa colocação, o termo "interpretação" envolve, até os dias de hoje, um amplo espectro de entendimentos, conforme estamos registrando neste texto.

O psicodrama tem *know-how* suficiente para operacionalizar as interpretações dos sonhos. Remeto o leitor interessado ao livro de

José Roberto Wolff, *Sonho e loucura*, no qual se ensina, com propriedade, a analisar as imagens oníricas psicodramaticamente e com resultados terapêuticos.

No decorrer da evolução histórica, por certo tempo, a interpretação passou a referir-se a toda intervenção verbal do terapeuta com o objetivo de esclarecer e remover resistências para poder avançar no trabalho psicoterápico. Seria necessário fazer a confrontação com os aspectos dolorosos, as fantasias ameaçadoras, o medo de o paciente expor-se na sua intimidade, agravados pelos comportamentos caracterológicos. Nesses casos impunham-se ao terapeuta as perguntas: por que a fuga? A que levam as evitações? Qual o motivo de desejar manter um segredo? Como fazer chegar ao paciente essas interrogações seria a essência mesma das técnicas psicanalíticas e psicoterapêuticas.

A interpretação ainda pode ser entendida como a intervenção que se apresenta como um "ponto de vista" outro, novo ou diferente.

Continuemos com a escalada dos conceitos. A partir do caso Dora (1905), o caso *princeps* para a descoberta psicanalítica, nasceu a idéia da dinâmica transferencial como responsável pela resistência. Freud dizia: "O tratamento psicanalítico não cria a transferência, apenas a revela". Surgiu, então, a hipótese correlata de que era preciso diagnosticar aspectos transferenciais da relação, por meio de uma interpretação explicitadora. Desde então, Freud superou a fase de "trabalhar sintomas" para cuidar das resistências transferenciais, surgidas no decorrer do processo analítico, do qual se diz interpretação *da* transferência.

A título de curiosidade, é interessante relembrar que a idéia da transferência surgiu no posfácio da publicação do caso. Durante o tratamento de Dora, Freud pensava que o amor dela pelo Sr. K revelava o amor pelo pai que, num processo de deslocamento do afeto, seria o verdadeiro objeto do desejo. Só depois do caso publicado é que Freud se deu conta do amor de Dora por ele, terapeuta, num processo que batizaria com o nome de transferência. Mais tarde, pensou-se também, Dora teria tido, inconscientemente, um desejo homossexual pela Sra. K, e o fato de Freud não ter intuído o lance levou alguns interpretadores de "entrelinhas" a considerar que ele escotomizou um aspecto sensível de sua contratransferência.

Em sua conferência sobre a dinâmica da transferência (1912), Freud apontava para duas forças motoras da cura: o desejo do paciente em recuperar-se, compartilhando do trabalho do terapeuta, e a inteligência do paciente para entender as interpretações feitas ou as idéias orientadoras dadas pelo terapeuta. É de Freud a afirmação: "Devemos admitir que os resultados da psicanálise repousam sobre a sugestão. Por sugestão devemos entender a forma de influir sobre uma pessoa mediante os fenômenos da transferência possíveis em seu caso".

A transferência que permite a sugestão não se dá pela pessoa do terapeuta e sim pelo lugar que a sua figura vai ocupar na "economia psíquica" do paciente, amalgamando-se e identificando-se com as imagens (*imago*) materna, paterna, fraterna, tudo em função do desejo do inconsciente dinâmico. Fique claro que a sugestão não é a do sistema mágico, mas sim aquela estruturada no processo transferencial. É a mesma sugestão em que Charcot acreditava, mas sem saber entendê-la, explicá-la ou nomeá-la. Isso coube a Freud. Para Lacan, outrossim, a transferência não seria exatamente igual à sugestão, mas tão-somente depositária de resíduos da sugestão ativa.

Não devemos misturar sugestionabilidade com hipnose. A primeira existe naturalmente em qualquer relação humana, a segunda é um ritual adrede preparado a que Freud chamou de "ritual fascista", em função de seu caráter impositivo.

A psicanálise era, até então, uma arte exclusivamente interpretativa. No entanto, como isso não apresentava resultados terapêuticos, Freud intuiu a possibilidade de ajudar na construção teórica da história do paciente, localizando os núcleos patógenos, estimulando-o a confirmar ou não essa construção hipotética, com as próprias lembranças. Essa visão Freud registrou-a no texto *Além do princípio de prazer* (1920), no qual prenunciou um novo e futuro modelo estrutural, fazendo uma descrição metapsicológica da "compulsão à repetição" e do "instinto de morte", marcando uma "virada" em sua herança intelectual que, posteriormente, seria enriquecida com *Análise terminável e interminável* (1937) e *Esboço de psicanálise* (1939).

Em texto de 1937 (*Construções em análise*), Freud denominou suas intervenções no processo terapêutico de "construção", termo por ele considerado "de longe a descrição mais apropriada" para caracterizar a sua prática, reservando o vocábulo "interpretação" apenas para intervenções sobre material isolado, como seriam as parapraxias e os sonhos. Na verdade, Freud ajudava o paciente a reconstruir a sua história, clareando os pontos cegos do romance pessoal de cada um. A propósito, Freud era condescendente, afirmando ser preferível mostrar o balão no céu do que, apenas, mandar olhar no azul do infinito. Mas ele não era um psicanalista ortodoxo. Já em 1913 (em *Totem e tabu*) Freud insistia no uso do termo "construção" ou "reconstrução". Seu esclarecedor posicionamento ajuda-nos a entender as limitações da interpretação. É quando ele compara, com as devidas cautelas, as proibições obsessivas do neurótico com as proibições do tabu. Nos dois casos "o verdadeiro motivo" seria inconsciente, não havendo jeito de explicá-lo, pelo que é sugerido, então, em ambos os casos fazer-se uma "reconstrução" da história, possibilitando "chegar lá" com os recursos do analisando.

É nessa proposição freudiana que se dá a maior intimidade do psicodrama com a psicanálise, pois as cenas psicodramáticas permitem, de modo original, a reconstrução da história do sujeito, amparada pela contribuição dos participantes do grupo.

Freud em 1919 dizia: "Rigorosamente o trabalho analítico só merece ser reconhecido como psicanálise quando consegue remover a amnésia que oculta do adulto o seu conhecimento da infância, desde o início, isto é, desde um período aproximado entre o segundo e o quinto anos de vida". Como nem sempre isso é possível, a intenção terapêutica da análise fica atrelada ao processo de busca, descobrindo na vida adulta elementos regressivos que possam ser entendidos como verdadeiros "curtos-circuitos" que remetem a um passado longínquo.

Com o desdobramento histórico da psicanálise e o aparecimento das várias vertentes psicoterápicas, as concepções do que seja interpretação se diversificaram, desviando, assim, do conceito original. O fato de se continuar usando o termo "interpretação" se deve provavelmente a um sentimento histórico de fidelidade. Hoje se utiliza o termo "interpretação" para identificar qualquer tipo de intervenção no processo psicoterápico que venha beneficiar o andamento das forças libidinais, a pesquisa da dinâmica relacional e a inserção social do analisante.

Estilos de interpretação

Apesar das regras normatizadoras do fazer interpretativo, a interpretação é essencialmente pessoal, conforme o jeito de cada profissional, que por sua vez é influenciado pelos modismos científico-culturais de cada época. Conforme Mannoni, o "grau zero" das interpretações está contido no diálogo de D. Quixote e Sancho Pança, no qual este fala, dirigindo-se ao fidalgo: "Mire vuestra merced lo que dice, Señor", entendido como "Escute bem o que diz Vossa Senhoria", ou, na linguagem cotidiana: "Veja o que você fala". O terapeuta ainda pode ser visto como aquele juiz de direito que ouve o réu (a história do paciente), examina os autos (contradições e equívocos da história) e revisa as penas que o paciente se auto-impôs.

São tantas as formas de fazer psicoterapia que alguns profissionais, como Milton Erickson, não se furtam de "usar qualquer coisa para promover mudanças: hipnose, sugestão indireta ou interpretação". Outros adaptam o seu trabalho conforme a demanda do paciente, permitindo-se inserir, dentro de uma psicoterapia de *insights*, as técnicas cognitivo-comportamentais e as de aconselhamento. Parafraseando Buffon, pode-se dizer que "o estilo é o psicoterapeuta".

Ana Freud supunha que a "análise clínica" deveria ficar restrita a doenças psiquiátricas mais simples, a neuroses brandas, incipientes ou do plano reativo. E postulava que fosse aplicada com especial atenção a pessoas jovens, inteligentes, com boas perspectivas de vida, personalidade educável, caráter confiável e, ainda, com saúde mental capaz de suportar o encontro com as "profundezas" do imo. Essa brandura de Ana Freud, apoiada pelo pai, ficou na contramão dos caminhos abertos pela proposta kleiniana, mais contundente em seus objetivos.

A interpretação em Melanie Klein corresponde especificamente ao seu modo de ver a atividade mental inconsciente da criança. A teoria kleiniana refere-se à fantasia inconsciente (representação mental dos instintos e pulsões), um processo contínuo de relação do *self* com os objetos internos e externos, e propõe explorá-la com a técnica da brincadeira (*play technique*), em que o brincar infantil corresponderia à associação livre de Freud. O sucesso de Melanie Klein é atribuído ao seu talento e à sua capacidade de intuir os estados emocionais da criança. E sua aura de respeitabilidade, conquistada em seus estudos com bebês, permitiu-lhe construir interpretações ousadas, que perdem a espontaneidade na prática de outros profissionais.

Winnicott surge como o modelo de analista que não interpretava ao modo clássico. Para ele, quando o terapeuta fala demais, poderá roubar a criatividade do paciente, pois só ele, cliente, tem as respostas. Chegou a essa conclusão depois de algum tempo de experiência, como pediatra e psicanalista, quando descobriu que "o brinquedo era terapêutico por si mesmo". Eis uma frase de sua autoria, emblemática: "Fico desolado quando penso nas modificações profundas que impedi pela minha excessiva necessidade de interpretar". Na visão de Winnicott, o referencial do *setting* analítico, incluindo a figura do psicoterapeuta, teria a função de "sustentação", o que significa ser capaz de se adaptar aos momentos regressivos do paciente para ajudá-lo na retomada do crescimento.

Laing, psicanalista que abraçou com muito entusiasmo o método fenomenológico-existencial, alertava para não se fazer interpretações invasivas, com desvalorização crítica do paciente, como se fôssemos "torturador profissional" (*sic*). Acima de tudo, o trabalho do terapeuta se faz na linha de confirmar ao paciente que ele está sendo considerado no plano intelectual e afetivo, está sendo acompanhado com serenidade (sem *folie à deux*), está sendo ajudado para tomar conhecimento das vivências elididas, tendo no profissional um aliado espontâneo e discreto do desvendamento de seu projeto existencial criativo, construtivo, da ordem do crescimento afetivo-emocional.

Qualquer estilo interpretativo terá atingido o seu objetivo maior quando permitir a ocorrência do inédito, da surpresa, da "energização" do tema, da memorização do acontecimento, do estímulo às associações, da mobilização de forças dinâmicas inconscientes, da disrupção e, por fim, do compromisso com a espontaneidade que, como a liberdade, é a expressão mais autêntica e original de cada indivíduo.

Um exemplo interessante de interpretação disruptiva encontra-se no episódio que se segue. A pessoa procura o terapeuta com a intenção de se tornar paciente. Começa a falar sobre seus devaneios, todos eles desgarrados da realidade factual. Ao término da entrevista o terapeuta retruca: quando você resolver tratar a sua realidade, volte a me procurar. Pano rápido.

Os estudiosos afirmam que, nos dias atuais, a "interpretação" como meio certeiro de atingir o paciente perdeu muito de sua magia, mas, mesmo assim, permite a Edward Glover (1950) afirmar: "Até para a interpretação inexata há um efeito terapêutico".

Nessa exposição de estilos, independentemente da escola a que pertença, a autêntica interpretação terapêutica, que nome venha a ter, é aquela que vai contribuir para o surgimento do sujeito em sua espontaneidade, criatividade, sensibilidade e singularidade, aquela que se permite abalar as próprias certezas e crenças em direção à particularidade subjetiva, até então desconhecida pelo seu mundo psíquico e relacional. O psicodrama pode desvelar o sujeito por meio de seu método peculiar.

Uma clareira especial: a interpretação em Lacan

Para Jacques Lacan, o terapeuta nunca saberia quando está interpretando verdadeiramente, pois nunca é possível saber quando a sua intervenção é capaz de promover associações passíveis de ser terapêuticas. O efeito seria "observável" sempre *a posteriori*. Nos anos de 1970, em *L'etourdit*, ele redefiniu o fazer interpretativo, utilizando outros termos e outros procedimentos. Assim: corte, pontuação, escansão, assinalamento, que compõem, hoje, o conjunto de intervenções próprias da análise lacaniana que ocorrem em momentos diversos da análise. Em Lacan a interpretação tem função nova. Ela não deve ser elucidativa ou explicativa, o que seria uma "interpretação ortopédica". A proposta é chegar ao inconsciente pelo "corte" ou erros do discurso, apontando-se "despreocupadamente" para o desejo deslizante, que vai de objeto a objeto, conduzido pela linguagem em seus deslocamentos metonímicos.

A palavra é vista como via régia para o inconsciente, pelo que é preciso "escutar" e não somente ouvir. "Escutar" é o vocábulo mágico da análise lacaniana. Repetindo Freud, para Lacan o falar, o dizer, o discurso podem soar diferentes da intenção do pensar. Assim como o médico ausculta/escuta os batimentos cardíacos, o terapeuta escuta/ausculta as palavras do paciente para identificar as arritmias do ato de pensar. Ouvir é função biológica: com o ouvido ouvem-se, entre outros ruídos, os sons das palavras. Escutar é função afetiva: escutam-se as palavras, na polissemia de significados, com a sensibilidade. Para haver escuta é necessário o silêncio do terapeuta.

O objeto do desejo inconsciente seria indestrutível, deslocando-se com a linguagem num trajeto interminável, nunca atingindo uma satisfação, a não ser na forma alucinatória.

Nessa linha de trabalho não se faz a interpretação *da* transferência e sim sob sua égide, equivale a dizer, *na* transferência, e os elementos interpretativos serão dados ao cliente como outro enigma, ou como um estímulo para reflexão, que se torna "lição de casa".

Lacan é identificado com o poeta Mallarmé, para quem certa obscuridade e alguns enigmas na literatura seriam "formas sistemáticas de proteger a entrada do templo, a fim de afastar todos aqueles que não tenham amor suficiente a ela [literatura]", significando que só deverão ter entrada na análise aqueles que saibam o que seja isso, cultivando interesses e amor suficiente para submeter-se aos seus misteriosos desígnios. Nessa linha de pensamento a análise não pode ser identificada às psicoterapias que procuram ser tratamento e cura.

A questão da palavra no psicodrama

A competência de Lacan em trabalhar com a palavra respinga algumas confusões na prática psicodramática quando o psicodramatista se encanta com a sua proposta. A primeira coisa a deslindar é a idéia de que as palavras não estariam ligadas às pulsões e, mais particularmente, aos conflitos pulsionais. O psicanalista Luiz Hanns (1999) vem a nosso socorro: "será na dimensão simbólica das representações que, para Freud, se ancorará um tratamento possível dos conflitos pulsionais e de regulação da *Abfuhr* (descarga). Trata-se de atuar lá onde a palavra pode produzir seus efeitos libertadores".

Sem dúvida, contra os seus detratores, a análise de Lacan está voltada a considerar efetivamente os afetos, explicitando-os pela análise do discurso. Não podemos esquecer que o desejo deslizante terá seu momento de caça. Em psicodrama isso ocorrerá na ação dramática. Também não é justo acusar o método psicodramático de não interessar-se pela palavra. O que são os diálogos psicodramáticos? Basta observá-los e estar atento para os descompassos da fala dramática com a ação cênica. Isso não tem nada a ver com as técnicas suplementares que utilizam a cena muda, por um tempo, como tática mobilizadora. Não vamos julgar o todo pelas partes.

A ênfase dada por Lacan à palavra ou à linguagem falada não encerra as dúvidas de quem se dedica ao mister das psicoterapias. A pergunta que não se cala é a interrogação sempre presente a esse tipo de trabalho: como são aproveitados, no psicodrama, outros tipos de linguagem: a corporal, a da estética dramática, a dos gestos e mímicas, a das ações lúdicas? Não obstante, há muito tempo, Freud já tinha a resposta na ponta da língua:

> Ao ouvir o vocábulo linguagem não devemos entender apenas a expressão do pensamento em palavras, mas também a linguagem gestual e qualquer outro tipo de expressão da atividade psíquica, como a escritura. Parece-nos mais correto comparar o sonho a um sistema de escritura do que a uma língua (*O interesse científico da psicanálise*, 1913).

A linguagem psicodramática tem aí a sua defesa.

Estudo cativante sobre a filosofia da linguagem encontra-se na obra de Ludwig Wittgenstein (1889-1951). Esse autor subverteu o cartesianismo e o behaviorismo a partir de uma visão do indivíduo como unidade psicofísica, criatura viva no fluxo da vida, que o faz um ser de linguagem. Propõe em suas teses estudar a metodologia da linguagem, regras e jogos, para apontar armadilhas e trilhas falsas, o que o leva a uma original filosofia da mente.

A interpretação na analítica existencial

As psicoterapias com base na analítica existencial substituem os termos "tradução", "explicação", "interpretação", por "compreensão". Não se trata apenas de troca de vocábulos, mas, na verdade, de estabelecer e firmar uma atitude. Essa atitude refere-se à visão do "ser-no-mundo", que é o indivíduo contemporâneo da sua época, de onde emerge ele mesmo como fenômeno, existindo sempre em relação ao outro. Assim como na psicanálise tudo gira em torno do inconsciente dinâmico, na analítica-existencial tudo está na órbita do "encontro". Analisar e tratar é compreender o sujeito em sua existência, em seu mundo subjetivo e em suas relações com os mundos social e factual. É, pois, por excelência uma psicoterapia relacional. O homem tem de ser compreendido em seus fatores sociais, individuais, históricos, espirituais, psicológicos, conscientes e inconscientes. Compreender envolveria a nossa capacidade empática de perceber o outro em sua figura-fundo totalizante.

O ato de compreender não é filosófico, *lato sensu*, nem é religioso ou moral. É da ciência psicológica, pois se trata de uma observação sistemática da relação sujeito cognoscente e objeto cognoscível, em que sujeito é objeto e objeto é sujeito. Pretende ser científico, pelo que inspira e é inspirado pelo método fenomenológico-existencial.

Com sua história vinda da hermenêutica o compreender pretende, sempre, encontrar sentido onde haja muitos significados, mesmo que nem sempre haja sentido para muitas coisas da existência.

O proceder compreensivo lança mão de biografias, diários, álbum de fotografias, álbum de família, lembranças registradas na infância (livros, músicas, brinquedos), guardados significativos da adolescência (filmes, músicas, presentes), datas familiares e familiais, histórias mitogeracionais, heranças de nomes etc. Quanto ao sonho, é dada ao próprio sonhador a possibilidade de associar as ocorrências oníricas com fatos da vida real e do mundo subjetivo, pois só ele seria capaz de fazer articulações para construir um sentido. O compreender fenomenológico-existencial está preocupado em construir a subjetividade do indivíduo, melhor ainda, a intersubjetividade, condição para prevenir e proteger o homem das doenças do narcisismo, a patologia do século XXI.

Quando Lacan critica o termo "compreender", ele está chamando a atenção para o que pode ocorrer no diálogo terapêutico. Tomando o termo ao pé da letra, o terapeuta pode achar que já sabe do que se trata, antes mesmo de o paciente começar a falar. Isso configuraria o "pré-compreender", fonte de todo mal-entendido, de todos os equívocos, criando-se uma dificuldade à ação terapêutica do diálogo. Porque em consciência o terapeuta não sabe nada sobre o paciente. Talvez só *a posteriori*.

O diálogo é outra marca fundante dessas intervenções, em que o diálogo terapêutico não é semelhante ao bate-papo social, mas também não é uma conversa esotérica. Entre outras coisas, exige estar bem identificado com a proposta terapêutica, que é não temer o temido, não odiar o odiado, não rechaçar o rechaçado, significando, por fim, ter tolerância com as coisas próprias da humanidade do ser.

Esse método terapêutico não estará contido numa locução de efeito ou num "jargão profissional". A intervenção será feita sempre com espírito da maiêutica, que tem no perguntar socrático o fato novo produtor de surpresas no arraial da mesmice e da repetição. O fato novo a acompanhar a participação do terapeuta é o fator surpresa que leva à quebra da conserva cultural, propiciando aparecer a espontaneidade e a criatividade, propostas morenianas. A argúcia e os conhecimentos teóricos servirão exclusivamente como mapa e bússola. A sessão psicodramática com o uso criativo das dramatizações evita e impede a ritualização e a repetição das interpretações discursivas, participando também dessa idéia mais ampla que é a das psicoterapias com base na analítica existencial.

Formulações axiomáticas sobre a arte de interpretar

É um erro pensar que no campo das psicoterapias tudo é "interpretação". No seu exato sentido ela ocorre às vezes. O diálogo, de modo geral, atendidas algumas regras, é terapêutico em si, ao longo do processo clínico. O diálogo que ocorre nas representações do contexto dramático está dentro dessa possibilidade.

A cada sessão o terapeuta deve entrar com uma disposição diferente da sessão anterior, com um ânimo original, para conhecer com bastantes detalhes a biografia do paciente e o que ele tem a dizer sobre suas angústias e conflitos.

O momento de fazer a interpretação não comporta informações técnicas, avaliações psicológicas ou julgamento moral, mas tãosó a necessária ajuda para que o paciente possa formular o que fala, para quem fala e de que lugar fala.

Qualquer interpretação que pretenda ser fiel a certa competência só deve ser feita após o início dos movimentos transferenciais/contratransferenciais entre paciente e terapeuta, tendo como ápice a relação télica proposta por J. L. Moreno.

Várias formas de linguagem podem suplementar ou complementar a palavra falada, assim: dramatizações (que são próprias do psicodrama), desenhos, esculturas, jogos lúdicos, expressões mímicas, movimentos corporais, dança e, por fim, todas as explicitações humanas que mobilizem as forças libidinais nos seus conceitos freudiano, junguiano, moreniano (espontaneidade) e, capturadas com viço, escapam das interpretações intelectualizadas.

O terapeuta pode ser um cético diante do mundo, mas deverá ser um homem de esperança diante do paciente e um otimista nas ações da atividade profissional. Do contrário, contaminará as interpretações com o fel da amargura.

Muitas vezes é preciso repetir uma frase significativa do cliente, a este devolvida pelo terapeuta com o fim de que se reencontre de forma distintiva no cipoal discursivo. O paciente precisaria aprender a ouvir o que está falando. A partir daí alguns autores propõem que se leve o paciente rigorosamente a sério, armando-se silogismos possíveis, do seu discurso, com as conclusões correspondentes, de modo que, ao se ouvir pela voz do terapeuta, possa retificar: "Não é bem isso que eu queria dizer".

Nenhum tipo de interpretação, mesmo as proferidas pelos mestres, resulta numa epifania, numa manifestação crística, ou numa revelação sagrada de verdades secretas. A colheita de dados ocultos se dá como numa plácida pescaria, em rio turvo, onde a boa fisgada é comemorada com alegria, por ser rara. Capturar a subjetividade do paciente é a missão do terapeuta.

Não se pode entender um profissional das ciências humanas sem compaixão. É sentimento nobre que sensibiliza o homem tornando-o mais perceptivo a respeito das misérias humanas. A inversão de papéis, técnica-chave do psicodrama, exige, no mínimo, uma capacidade de se identificar com o outro, para surtir seus efeitos terapêuticos. No caso particular dos psicoterapeutas, entretanto, eles têm de saber administrar esse sentimento para não utilizá-lo como intervenções melosas, piegas e tacanhas no jogo interpretativo. Há um delicado fio de navalha a ser percorrido. Sejamos atentos a isso.

É consensual entre os estudiosos das psicoterapias que os setores do aparelho mental atingidos e beneficiados pelas intervenções terapêuticas são totalmente desconhecidos. A relatividade do processo psicoterapêutico, analítico ou psicodramático, é de tal ordem que um neurótico pode não se beneficiar dele e um psicótico, sim. Os mistérios dessas possibilidades estão nos fenômenos da sugestão pelas transferências, que se estabelecem aleatoriamente. É nesse movediço que nós, terapeutas, trabalhamos. Há pacientes com tal volume de problemas internos e externos que dificilmente podem esperar uma ajuda exclusiva das psicoterapias. Além de sua capacidade de ter *insights*, necessitam dos mediadores familiares, da justiça, da polícia, da solidariedade dos vizinhos, do apoio do grupo terapêutico e, quem sabe, da religião.

Uma discussão muito atual é se a capacidade do interpretar, nos moldes vistos até aqui, daria conta do complexo mundo psíquico-relacional. Percebe-se que esse interpretar se esgota em torno de uma inércia psíquica, ao redor de aspectos existenciais e vivenciais concretos. Por meio dos jogos dramáticos e da dramatização o psicodrama tem procurado dar resposta ao impasse, promovendo novas experiências emocionais que possam mudar a trajetória vital anacrônica das neuroses e outras patologias. Evitam-se as interpretações de cunho canhestro, selvagem e paranóide, possibilitando-se às interpretações criativas um *modus faciendi* de forma que quebre a rigidez e a paralisia do momento. Devemo-nos lembrar sempre de que, no psicodrama, a interpretação está integrada na ação, à semelhança dos jogos dramáticos infantis, conforme nos ensina Camila Salles Gonçalves em seu livro *Psicodrama com crianças* (1988). É necessário, isto sim, que se criem condições para que o paciente, ao declinar o seu discurso ou representar sua cena, possa ir clareando, com recursos próprios, as trevas que o angustiam.

Equívocos e folclore sobre interpretação

A "fúria interpretativa" que marcou certa etapa do mundo psi serviu para observações curiosas, sacadas inteligentes, tiradas espirituosas e gozações hilárias. E também para muito sarcasmo e agressão pessoal. Daí por que é tradicional a recomendação de que o ato interpretativo se restrinja ao contexto do trabalho terapêutico e o que exceder a esse campo possa ser visto apenas como uma especulação intelectual. O sábio Freud já oferecia um antídoto para as interpretações fora de hora, ensinando que, ao interpretar, quem o faz está expressando projeções do seu próprio mundo interno, pois não há interpretações inocentes sem o *strip-tease* do interpretador. "O que João diz de Pedro nos diz mais de João do que de Pedro", diria Espinosa. As interpretações terapêuticas só podem pleitear o estatuto da seriedade, com profissional próprio e no contexto apropriado.

A bem da verdade, nas relações do cotidiano podem ocorrer interpretações simpáticas e afetuosas. Vejamos duas conhecidas interpretações, fora de contexto, feitas por Freud. Ele estava na mesa de um restaurante com um colega que, ao lhe narrar ter perdido um bom emprego, deixou cair do garfo um pedaço de bolo levado à boca. Freud, rápido no gatilho, disse: "Certamente, você perdeu um bom-bocado". E registrou o acontecimento como um ato falho motor, sintomático, do amigo angustiado com o desemprego. Também conta a história que quando Freud estava em seu leito de morte recebeu a visita de Stefan Zweig que, ao se despedir, esqueceu as luvas na casa do amigo ilustre. Freud enviou-lhe um bilhete e ao referir-se às luvas disse: "O senhor sabe, isto é uma promessa de voltar". Em torno da frase, considerada de teor interpretativo, surgiram algumas especulações. A primeira, dentro das folclóricas, era: "O senhor está dizendo que gostaria de ficar". No entanto, o professor suíço Bodenheimer, depois de explorar outras possibilidades, mostrou a significação de sua lavra: "Zweig, peço que volte, eu espero por você, eu preciso de você. As tuas luvas são o penhor de garantia de tua amizade".

Por um tempo as psicoterapias foram entendidas como técnicas de "desrepressão sexual". A palavra de ordem era desreprimir, e nessa esteira marcou presença o aforismo dos anos de 1960 "é proibido proibir" ou o "soltar a franga" dos anos de 1970 e, ainda, os *reality shows* da atualidade. Esses comportamentos rebeldes iriam buscar justificativa nos escritos de Freud de antes de 1877, quando se esperava que os resultados terapêuticos fossem decorrentes da desrepressão.

Três tipos de interpretações tidas como equívocos devem ser apontadas. São elas: interpretação canhestra, interpretação paranóide e interpretação selvagem.

Interpretação canhestra

É a que traz embutido um grau de ingenuidade. A típica realiza-se em cima de conhecimentos controversos da teoria freudiana. Por exemplo, é comum ouvir-se falar, com excesso de simplicidade, que quando o paciente diz "não" a respeito de qualquer tema é porque ele precisa dizer "sim", o que inexiste no registro da objetividade científica.

Esse equívoco deve-se, provavelmente, à inadequada leitura do texto *A negativa* (1925), no qual Freud tenta mostrar que em certos momentos do discurso do paciente a função intelectual está separada do processo afetivo. O dizer "não" ajudaria o pensamento a se liberar do recalque, propiciando o surgimento de material qualquer que seja ele, não implicando exatamente o "sim". A negativa inexiste no inconsciente, mas tão-só no plano consciente, tendo, pois, uma função aliviadora de tensões, em que o pensamento fica livre para fazer associações mais produtivas, quaisquer que sejam, não se obrigando a se perfilar na área de identidade dos contrários. A negação pode trazer em seu bojo um comprometimento com o que está sendo negado, mas nem sempre dentro da díade não-sim, sim-não. O ateu estará sempre comprometido com a idéia de Deus. No livro de Laurice Levy, *Integrando diferenças* (2000), à página 124, a autora, ilustre psicodramatista e psicanalista, apresenta seu olhar sobre o tema, com a finalidade de entender o não de Moreno a Freud.

Interpretação paranóide

É aquela em que predomina a atitude de suspeita: desdenha-se o significado visível, operativo; desconsidera-se a possível concordância do que é dito com os fatos dominantes; desqualifica-se o esforço do paciente em se fazer entender.

Afirma-se que o "bom" interpretador seria aquele capaz de "captar" o outro por meio de um fenômeno psíquico semelhante ao do mecanismo de identificação projetiva. O paranóico seria o paradigma do bom interpretador, por isso o profissional da área deve estar atento para não ultrapassar os limites da sanidade, caindo no campo do delírio interpretativo. Diria Umberto Eco que o leitor-interpretador de conclusões estapafúrdias necessitaria de cuidados psiquiátricos. Mas atentemo-nos para a afirmação de Jonathan Culler: "com as coisas como são, suspeito que um pouco de paranóia seja essencial para apreciação correta das coisas".

Interpretação selvagem

Também denominada "silvestre", a análise é feita sem o tratamento prévio do próprio profissional e sem os cuidados técnicos necessários, quanto à sua consistência e oportunidade. Geralmente é feita fora do contexto analítico, sem nenhuma correlação com o processo terapêutico, soando estranha e deslocada de qualquer realidade. Praticada por profissionais iniciantes e jubilosos da nova atividade, tem quase todo simbolismo freudiano-junguiano-grodeckiano, dos anos heróicos, utilizado sem critério.

Também é selvagem a possibilidade de estimular ou ativar conflitos inativados, não referidos pelo paciente. Freud colocava essa ação no mesmo nível da indicação de uma análise em momentos de crise emocional do cliente. Se o cão está sossegado, para que atiçá-lo? Nesses casos evidenciam-se como melhor e mais útil a psicoterapia de apoio e as ações de ajuda. Não é de todo impossível também que o terapeuta iniciante queira chegar ao "mais profundo" de seu paciente, compelindo-o a revelar seu suposto segredo, de modo selvagem.

A interpretação pode se tornar um viés obsessivo, pelo qual o terapeuta atropela o que é dito, pelo prazer de se posicionar como aquele que sabe ler nas entrelinhas.

Ao terapeuta é dada toda a possibilidade de pensar e levantar hipóteses sobre o discurso e o comportamento do paciente. O momento delicado é a oportunidade de explicitar o que pensou.

Dramatização e interpretação

Todos sabemos, mas não é demais repetir, que o psicodrama cuida da dinâmica do pequeno grupo social e dos indivíduos ali insertos. Inspirados no teatro, subvertendo-o, os instrumentos de sua aplicabilidade compõem, entre estratégias e táticas, o método psicodramático que, por sua vez, fundamenta-se no método compreensivo da fenomenologia. O psicodrama contemporâneo incorpora, para a sua prática, conceitos da etologia, da antropologia, da axiologia e da psicanálise relacional, e contribuições pessoais de psicodramatistas brasileiros, o que permite buscar entre muitas representações e significações dramáticas o sentido existencial do grupo e do sujeito dentro do grupo.

Anzieu é enfático ao afirmar:

> A originalidade de Moreno que conhecia Freud e a evolução de seus trabalhos está em ter dissociado a catarse da hipnose, conseguindo reproduzir o efeito catártico com sujeitos plenamente conscientes, o que só se poderia realizar pelo modo natural de produção desse efeito: o teatro.

O psicodrama permite-nos reviver a cena que não mais existe, e talvez não tenha mesmo existido, aquela que ainda possa ser idealizada, romanceada, realizada, modificada e, quando não, apenas desejada. O passado é o que era, como parece agora. A motivação de hoje é que delineia, colore e movimenta minha vivência de ontem.

Até aqui, ao evoluirmos para o histórico e o conceito da interpretação, ficamos sabendo como o interpretar pode aparecer para os psicoterapeutas, na lida do dia-a-dia profissional. Agora vamos tentar compreender o que seja a função interpretativa das dramatizações.

Peço a quem me lê utilizar o seu dicionário mental para afastar todos os outros significados do vocábulo "função", que não seja o de "uso para um fim", "busca de finalidade". Este é o sentido que nos interessa: a função como um modo, uma maneira, de o indivíduo utilizar suas experiências vitais, suas novas descobertas existenciais, a compreensão para estabelecer um novo horizonte de visão, um novo patamar de desenvolvimento, uma nova gestalt vivencial. E, obviamente, queremos dizer que essa possibilidade pode ser dada por meio da dramatização, por ser esse o instrumento sensível da prática psicodramática.

As forças que habitam o interior do grupo traduzem sua dinâmica (*dyna* = força). Em Freud essas "forças" dirigem-se ao chefe, para com ele se identificar. Em Moreno o grupo, com as várias constelações possíveis, se estrutura na disposição das "forças" em

termos de escolhas, rejeições e neutralidade. São dois modos não-excludentes de compreender o grupo.

A função interpretativa da dramatização, considerando-se o psicodrama como psicoterapia de grupo, deverá ser garantida por alguns requisitos: o do adequado aquecimento para o início da atividade grupal (*warming-up*); o da dinâmica grupal suficientemente trabalhada ao longo do processo; o de que sejam descartados os pseudoprotagonistas e cuidadosamente evitado o seu holocausto; o da possibilidade de ser construído o espaço da lealdade ética, do compromisso estético criativo, da liberdade como singularidade de cada um dentro do grupo, e do *status nascendi* como pedra angular de toda a dramatização; e, por fim, o do compartilhamento afetivo-emocional, que é a participação terapêutica para coroar o encerramento. O chamado "processamento" refere-se a um momento didático.

O psicodrama moreniano sugere uma série de técnicas divididas em três grupos. Técnicas históricas: a do teatro espontâneo e do jornal vivo. Técnicas básicas, com sua raiz nas fases de desenvolvimento na Matriz de Identidade: duplo, espelho, inversão de papéis. E o último grupo: auto-apresentação, apresentação do átomo social, solilóquio, concretização, realidade suplementar e o onirodrama.

> A realidade suplementar é a realidade criativa, inventiva, artística que, no palco e no contexto psicodramático, permite compor o mundo mágico do "como se" e os procedimentos imaginativos do "*role-creating*".

O duplo, sem dúvida, é uma técnica interpretativa. O diretor escala o ego-auxiliar para, junto do paciente, contrapor uma fala esclarecedora sobre o que está sendo dito sem suficiência expressiva, sem compromisso autêntico e/ou com dissociação entre afeto e palavra/ação. Tem por finalidade dar consciência ao protagonista dos caminhos inconscientes capturados pelo ego-auxiliar. O espelho é também interpretativo, ou melhor, auto-interpretativo, na medida em que permite ao cliente ser espectador de si mesmo. A inversão de papéis, em minha opinião a mais notável técnica psicodramática com possibilidade visual e afetiva, recíproca e simultânea, do desempenho de papéis entre dois protagonistas presentes no ato, colabora para a percepção sociométrica das escolhas, em que protagonista e todo o grupo podem ser interpretados.

No psicodrama analítico, representado principalmente pelo casal Lemoine, a preocupação maior desses autores é separar bem, no conceitual e na prática, o que seja Real, Imaginário e Simbólico, alertando para que as ações dramáticas não resvalem para o orgiástico, engedrando a anarquia e a loucura, com a proliferação do imaginário. Alertam ainda para a possibilidade de o grupo estabelecer relações reais, que abalariam a sua função terapêutica, permanecendo apenas no plano operativo, como grupo de trabalho. Por fim, propõem ter o nível simbólico como ferramenta essencial para as várias passagens do imaginário para o real, do real para o imaginário, permitindo o desvelamento do desejo por meio da representação, a colocação em ato, que seria própria do psicodrama. E ainda sublinham que, no processo psicodramático, mais importante do que a transferência é a possibilidade da identificação ou a recusa desta. Remeto o leitor ao livro sobre psicodrama, de Gennie e Paul Lemoine (1974). Uma leitura útil e necessária.

Porém, o próprio Moreno e todos aqueles que trabalham com o psicodrama moreniano têm respostas ágeis e adequadas para a preocupação dos Lemoine. Basta nos atermos aos três níveis do desenvolvimento dos papéis: *role-taking, role-playing, role-creating*. Desenvolvi esse tema fundamental no capítulo "As três éticas em J. L. Moreno", do livro *A ética nos grupos*. O alerta dos Lemoine perde sua pretendida novidade, se olharmos para o que J. L. Moreno chamou de "três fases distintas do desenvolvimento de um papel", em que preconiza: a fase do *role-taking*, dos procedimentos lógicos e socialmente integrados, com elementos objetivos e conhecidos, universais, compondo a casa do simbólico; a fase do *role-playing*, dos procedimentos intuitivos e afetivos, na qual o sujeito experimenta o mundo no espaço da realidade, com a sua marca específica, o social-subjetivado, em que o corpo, permitam-me cuidadosa aproximação, é o real, base biológica do ser no referencial freudiano e do sexo inefável no referencial de Lacan; a fase do *role-creating*, dos procedimentos oníricos, do devaneio, da inventiva, da criação, da fantasia, aí incluindo o conteúdo do imaginário.

Do ponto de vista prático, aceitando-se o princípio da melhor oportunidade, o trabalho metodológico poderá iniciar-se por um dos três níveis, indiferentemente, e o andamento de sua seqüência poderá também ser aleatório. O fundamental é a possibilidade e a obrigatoriedade, de fato, de fazer uma articulação dos três níveis dramáticos para integrá-los durante o processamento final. Catarse de integração, ensina Moreno. Em certo espírito de organização que cabe ao professor-diretor ou ao diretor-terapeuta imprimir a seus trabalhos, até mesmo para atingir o objetivo do que é ensinado ou tratado com maior *performance*, começa-se a tarefa como propostas de *role-taking*, passando pelo *role-playing*, caminhando para o *role-creating*, voltando ao *role-taking* para a revisão dos conceitos, agora enriquecidos por dois outros níveis de experiências. A cada volta, os três níveis não se fecharão em círculos, mas evoluirão em espiral, com todos os significados de crescimento e movimento, dinâmico e dialético, contidos nessa figura:

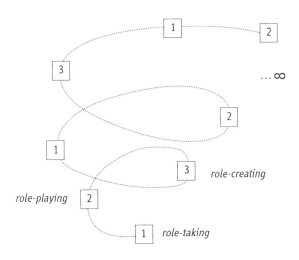

Conclusão

Falar em interpretação no psicodrama aproxima-nos do método psicanalítico, conforme a ampla discussão de Didier Anzieu em seu livro *Psicodrama analítico* (1981). Trata-se de um movimento irrefreável, mas que merece um reparo técnico: a interpretação no psicodrama está ligada às ações dramáticas e às formulações que possam ser estabelecidas conjuntamente pelo protagonista, pelo grupo, pelos terapeutas e egos-auxiliares. Deixa de existir a característica própria da análise individual: o analista como o único a fazer enunciados. A interpretação psicodramática resulta da reciprocidade das subjetividades terapeuta-terapeutizando-componentes do grupo. No psicodrama cada participante é o terapeuta de quem protagoniza e, também, do grupo como um todo. É nesse especial contexto que ocorrem as interpretações psicodramáticas e suas funções correlatas.

Aí está inserto o "homem psicodramático", aquele que se propõe ao autoconhecimento com a ajuda do grupo, que acredita na "cura" de suas angústias pessoais e dificuldades relacionais por meio da "catarse de integração", e busca nas dramatizações grupais o reconhecimento de seu projeto existencial.

10

TRATAMENTO E CURA
– CATARSE DE INTEGRAÇÃO

Todo processo psicoterápico deve iniciar-se após prévio ou concomitante *estudo diagnóstico*, enquanto busca de conhecimento sobre as necessidades do paciente, sua estrutura caracterizante, seus sintomas clínicos, seu comportamento relacional, a biografia de vida contida na matriz de identidade, a disposição e a dinâmica do seu "átomo social" e a possibilidade de beneficiar-se do tratamento.

Pela boa condução desse tipo de pesquisa não se o confunda com o interrogatório policial, coercitivo. O psicodrama apresenta técnicas muito ricas de interesse diagnóstico, de muita sensibilidade.

Átomo social – é termo fundamental da teoria sociométrica. Moreno parte do princípio de que o homem não pode atender a seus desejos e necessidades sem o auxílio de outros indivíduos, numa relação recíproca e de caráter grupal. A posição do sujeito dentro desse grupo relacional e as repercussões dessa situação dentro e fora do grupo, com reflexos em outras pessoas e outros grupos, vão definir o "átomo social" no sujeito. A sociometria dá-nos técnicas para a determinação e medição do "átomo social".

Existe um princípio ético da fenomenologia existencial: a rotulação da pessoa em códigos estáticos cria o risco da indiferença e do ceticismo no tratamento, por parte dos profissionais. Quando Leo

Kanner deu o nome de "autismo infantil precoce" a certas manifestações sindrômicas do comportamento da criança, o pediatra e psicanalista Winnicott temeu que a partir dali os pacientes e suas mães deixassem de receber ajuda, pois, paradoxalmente, a ciência nomeia a doença e, em seguida, confessa-se impotente para tratá-la.

Em psicoterapia, a primeira e fundamental exigência é a disponibilidade do profissional em participar do tratamento, com serenidade, paciência e confiança.

Por influência das discussões filosófico-semânticas sobre o que seja tratar e curar nas psicoterapias, formou-se a idéia equivocada de que elas não tenham esses objetivos.

Assim, todo fenômeno das transformações ocorridas no aparelho mental (intrapsíquico) a partir das intervenções dialogadas, interpretadas ou dramatizadas sobre o processo relacional (interpsíquico), com posterior ou concomitante repercussão no desempenho de papéis (comportamento), pudorosamente tem sido denominado, por alguns, de "cura" entre aspas.

Envolvidos nessa falácia, muitos se perdem no exercício do fazer nada para o nada. Coloco-me entre os que pronunciam a palavra "cura" sem restrições e explico por quê. Praticadas por psicólogos e psiquiatras, com reconhecida autonomia disciplinar, as psicoterapias, no entanto, inserem-se na história da medicina e sua finalidade precípua é tratar e buscar a cura, prevenir a doença mental e promover a saúde emocional. Por isso cabe-lhe bem o sábio e sempre atual preceito hipocrático: "curar alguns, aliviar a muitos e consolar a todos".

O bom senso permite perceber que o trabalho do psicoterapeuta tem como intenção algo abstrato, *sine materiae*, e em suas atividades os instrumentos são diferentes dos da medicina clássica. Na psicoterapia, o tratamento e a cura não se assemelham à retirada do apêndice inflamado, não são iguais ao debelar de uma infecção, não estão próximos à correção de distúrbios hormonais ou desequilíbrios bioquímicos. Mesmo o tratamento psicofarmacológico não guarda relação com as técnicas psicoterápicas: ambos apenas são tratamentos que se complementam e se influenciam, cada qual atuando em áreas específicas.

As psicoterapias procuram atuar no aparelho psíquico e em suas repercussões intrínsecas, relacionais, comportamentais e psicopatológicas. O aparelho psíquico tem organização primária estruturada a partir de elementos neurobiológicos, operativos e culturais, processados pelas relações humanas, em que as mais primitivas são as relações parentais que, na visão freudiana, repetem acontecimentos metafóricos da mitologia do Édipo.

Com proposta peculiar, o psicodrama propõe-se a intervir no aparelho psíquico a partir do tratamento, preferentemente grupal, dos papéis sociais e psicodramáticos, que são os elementos operativo-culturais da personalidade, na visão moreniana.

Lembre-se ser o papel social a menor unidade de expressão social e relacional da personalidade, aceita, proposta e estimulada pelo grupo social.

Não se esqueça ser o papel psicodramático aquele engendrado no contexto da representação dramática, a partir da criação elaborada pelo paciente em processo relacional com seus pares. O papel psicodramático é veículo de mecanismos introjetivos e projetivos de identificação, ligado à expectativa sociogrupal, ao inconsciente individual e ao co-inconsciente do grupo.

Moreno propõe trabalhar o psiquismo por meio dos papéis, mais especificamente da "transferência no papel". Vejamos como é isso.

Discutir o conceito de transferência é trabalho tão longo como o foi a sua própria história a partir das descobertas de Freud. Já falamos dela no Capítulo 5.

Apenas para introduzir o leitor no tema, podemos ficar com a compreensão mais simples, como foi proposta pelo próprio Freud: a transferência seria "a repetição de protótipos infantis vivida com a sensação de atualidade acentuada".

Mas ela não é apenas a repetição de acontecimentos já ocorridos, é também a tentativa de tornar realidade os desejos que não foram atendidos na infância. Não é exclusiva das relações terapêuticas. "Antes de ser problema clínico é exigência do amor humano" (Neyrant, 1974). Todos somos levados a contribuir em nossos encontros com os estigmas do amor, do desamor e dos equívocos dos nossos corações de criança.

Geralmente, nas psicoterapias grupais as relações transferenciais não são exponenciadas porque sua ocorrência vai recebendo tratamento de correção, na medida de seu aparecimento, pela própria dinâmica vivencial do grupo. Isso tanto mais é verdade quando se trata da psicoterapia psicodramática.

A título de curiosidade, é interessante anotar que alguns autores correlacionam a relação transferencial no grupo da seguinte forma: o terapeuta seria a figura do pai. O grupo, como um todo, seria a mãe. Os pares do grupo seriam outras figuras familiares. No psicodrama esse tipo de relação não é considerado. O psicodrama não valida essa hipótese.

Para Moreno, "transferência no papel" significaria que o paciente poderá atribuir, inadvertidamente, ao terapeuta ou aos companheiros do grupo papéis variados, conforme suas necessidades atuais.

De posse da observação de como estão funcionando as relações do paciente, a atribuição de papéis a terceiros e de como ele aceita os papéis que lhe são dados, detectada a linha transferencial da ação, serão propostos trabalhos psicodramáticos que possam configurar essa ocorrência, numa proposta de diagnóstico. Já falamos, linhas atrás, no diagnóstico relacional. Posterior ou concomitantemente será buscada a dramatização, em que, de modo geral, ocorrem o *insight* psicodramático e a catarse de integração.

O profissional deverá estar atento a como vai responder aos papéis que lhe são atribuídos, observando que, mesmo no contexto dramático, deve-se evitar assumir e atuar papéis complementares patológicos, tanto mais quanto for o comprometimento psicoemocional do paciente.

Transferência no papel pode ser conceituada como o reconhecimento da dinâmica de papéis antigos em papéis atuais.

O psicodrama não só trata as relações transferenciais surgidas na relação dos papéis psicodramáticos, como também as relações transferenciais "informadas" pelo paciente ao expor o seu átomo social. Chamo de "relações transferenciais informadas" aquelas situações caracterizadas como transferências, relativas às pessoas do relacionamento sociofamiliar do paciente, surgidas no desempenho de seus papéis sociais, e que ele de algum modo "comunica" existir ao grupo.

As situações transferenciais percebidas ou informadas no decorrer da sessão psicoterápica são elucidadas com as várias técnicas propostas por J. L. Moreno, em particular com a "inversão dos papéis" e o "jogo de papéis". Essas experiências psicoafetivo-emocionais têm a função de recuperar ou recriar papéis criativos, por meio da espontaneidade, quebrando-se a "conserva cultural" no que ela tem de compulsivo, repetitivo, enfim, neurótico.

É interessante ter em mente que a psicoterapia tem de criar um "fato novo" ou uma "mudança", no sentido de movimento, para deslocar os "vícios de origem" à execução do papel. Dramatizar, dialogar ou interpretar para repetir seria ilustrar a neurose.

A convivência terapêutica fará com que num processo contínuo o protagonista possa perceber como atua em seus vários papéis, como os outros lhe atribuem esses papéis, como ele os atribui aos outros, como os papéis estão carregados de cargas transferenciais, algumas vezes patológicas. É preciso, então, resgatar elementos da transferência positiva, construída sobre a amorosidade saudável, aquela que nos permite caminhar para a relação télica.

É importante relembrar que, independentemente das técnicas psicoterápicas utilizadas, o acontecimento fundamental da cura ou das transformações possíveis se dá pela mobilização de afetos e emoções, percepção intelectivo-emocional do ocorrido, possibilidade de estabelecer a relação télica, que fornece recursos para a adequada avaliação das realidades externa e interna, re-criação dos papéis psicodramáticos e ampliação dos papéis sociais, a partir dos recursos da própria personalidade.

Isso não se realiza como objetivo final, mas se faz presente no próprio decorrer do processo. Seria a constatação psicoterápica da afirmação hegeliana: "A coisa se esgota em sua execução, não em seu fim".

A execução do processo psicoterápico é estimulada e sustentada pelas técnicas, e essas são permeadas e impregnadas pela proposta do método, que lhes dá respaldo, legitimidade, coerência e unidade.

A ocorrência da cura ou as possibilidades das transformações estão não só na disponibilidade do terapeuta, mas também na participação e no compromisso do paciente. O resultado terapêutico sempre será uma resultante dialética desse esforço de mão dupla. Da parte do terapeuta ele deverá estar preparado para o enfrentamento de dificuldades impostas pela própria natureza ou condições das relações humanas, bem como de exacerbações doentias do comportamento.

A "lógica" obsessiva, repetitiva, cotidiana, cansativa de alguns, a "não-lógica" histérica, sedutora, envolvente, expectante de outros, a "antilógica" fóbica, evitativa, cheia de subterfúgios de outros tantos, os delírios e alucinações aparente ou realmente impenetráveis de muitos, os sentimentos de inveja, ciúme, ira, orgulho, competição, o exercício do poder, a arrogância, a ambição, o medo do dever, todo um mundo enigmático se coloca nos desvãos dos papéis sociais e dramáticos do nosso trabalho.

E o que dizer do mitômano, do atuador, do suicida, dos infelizes de todos os naipes, dos queixosos e lamentadores crônicos? E do agressivo, do deprimido, do paranóide? A tarefa é ingente!

Atingir esses núcleos psicoafetivo-emocionais para integrá-los, permitindo-lhes equilíbrio novo, com força de saúde, que vá repercutir na criação e desempenho de papéis favoráveis e no exercício pleno e adequado da liberdade-criatividade, é o caminho da cura, dirimindo a ansiedade que no dizer do poeta "é a pressa que não tem aonde ir".

Tudo isso nos exige paciência, perseverança, insistência mesmo.

Aí se coloca a pertinência de um equívoco: a disponibilidade do terapeuta traduz a vontade de curar, mas terá de se acompanhar das leis da boa técnica: sem pressa, sem ingenuidades, sem onipotência, sem rompantes "cirúrgicos", sem bravatas, apenas com simplicidade para reconhecer as limitações humanas dessa profissão.

Aconselhamento ou apoio

O psicoterapeuta enfrentará, a qualquer momento, a desafiante situação de ministrar um conselho. O paciente lhe pede isso. O pedido poderá receber a correspondente interpretação, num contexto rígido. Da forma que nos propomos a trabalhar, inspirados na possibilidade da relação télica, na visão fenomenológico-existencial, a solicitação será considerada com tranqüilidade.

Naquele instante o terapeuta está sendo investido (e quando não o está?) de qualidades de saber reconhecido, experiência de vida, bom senso e preparo técnico.

Cabe a ele manejar a expectativa com a percepção aguda da oportunidade, sem atitudes presunçosas e piegas ou autoritárias regras de bem viver.

O primeiro passo é promover o clareamento dos sentimentos, necessidades e intenções do paciente: para que ele pede o conselho? Quais as dificuldades pessoais de se definir diante de desejos contraditórios?

Em seguida, deve-se estimular o paciente a encontrar, ele mesmo, os vários caminhos possíveis de resposta e solução.

Algumas vezes o terapeuta sente-se à vontade para cingir-se aos termos de sua especialidade, tais como: indicar tratamento médico ou psiquiátrico paralelo, opinar sobre algum exercício auxiliar ao processo psicoterápico, por exemplo, técnicas de relaxamento e outras. Outras vezes ele poderá sugerir ao paciente que faça consultas com profissionais de áreas diversas: um advogado, um professor. E ainda poderá abrir a sugestão de que ele dialogue com seus familiares a respeito de situações críticas, que alguém próximo do paciente precisa tomar conhecimento.

O terapeuta deve ter sempre em mente que sua palavra reveste-se de muita autoridade e poderá ser usada sem o devido espírito crítico, por motivo mesmo do momento de fragilidade em que o paciente se encontra. Por sua vez, a palavra poderá ser utilizada de forma equivocada ou até mesmo manipulada com segundas intenções.

Ao final, o paciente terá de ter com muita clareza que a vida lhe oferece muitas oportunidades, que para serem conscientemente encampadas não podem prescindir das palavras do Conselheiro Acácio: "Toda decisão é solitária, toda escolha é dolorosa, a vivência da pessoa é intransferível e cada um é o Cristo de sua própria redenção".

Conselheiro Acácio, a quem se atribuem frases feitas com o sabor do óbvio, é figura do folclore urbano do Brasil e de Portugal, tomada da obra de Eça de Queiroz.

Ação de ajuda

Atentemo-nos, agora, para situações de vida, delicadas e específicas, em que um paciente é colocado, com problemas reais, concretos e difíceis, quase sempre de caráter agudo e algumas vezes pedindo atenção urgente.

São momentos que exigem compreensão fraterna, simpatia, apoio moral, o ombro firme, o ouvido atento, a "palavra certa" e até a colaboração de ordem prática.

Essa disponibilidade para a ação de ajuda sempre coube ao amigo, ao sacerdote, ao assistente social, ao professor, ao médico, aos pais, e, de certa forma, passou a ser atribuída ao psicoterapeuta.

O discernimento adequado desses momentos faz-se necessário para que o psicoterapeuta não passe por empedernido e insensível, mas também para que a psicoterapia, enquanto técnica sistematizada e de manejo sofisticado, não seja confundida com os legítimos gestos de solidariedade humana. Quando e como deixar fluir esses gestos, sem prejuízo do processo terapêutico, é resultado da sensibilidade e disponibilidade do profissional, que o tempo se encarregará de definir e burilar.

Psicoterapia e misticismo

A tentação de explorar o campo místico e outros tipos de experiências é muito presente no trabalho psicoterápico e por isso o profissional precisa conhecer alguns estados dessa ordem, não obrigatoriamente para delas participar, mas para saber dos limites que se propõe atingir.

Comecemos por explanar os objetivos clássicos das psicoterapias, que são amplos e claros, discriminados a seguir. Estimular a busca do sugerido no Tempo de Delfos, "Conhece-te a ti mesmo", que, de certa forma, é a busca da identidade. Acompanhar o desenvolvimento da personalidade por meio do desenvolvimento dos papéis, que é a busca da vocação. Permitir ao sujeito expressar seus sentimentos, dúvidas e perplexidades em ambiente de afetuosa continência, que é a busca da catarse de integração. Estimular as capacidades psicoemocionais da reparação, da gratidão e do amor, que é a busca da generosidade e a possibilidade do perdão. Promover a articulação harmoniosa da razão e da emoção, sabendo que a dialética razão-paixão foi e será sempre o grande desafio colocado ao homem em seu processo civilizatório. É a busca do equilíbrio fundamental.

Estimular a integração do indivíduo, como sujeito/objeto da ação, em seu meio sociogrupal. É a busca do reconhecimento e do pertencimento. Cuidar dos sentimentos encarnados no sujeito, tais como inveja, ciúme, ira, amor e outros, para a compreensão, da natureza/condição humana, na busca da humanidade do Ser. Reconhecer e tratar sintomatologias psíquicas, somáticas e comportamentais, interpretando seu simbolismo e sua linguagem. É a busca da cura. Acompanhar o sujeito na saga do seu desejo, que se faz no vazio, na inquietude, na imaginação, no projeto, na ação criadora e na repetição do vazio, reiniciando o ciclo. Seria a busca do inalcançável. Ajudar na restauração da inteligência e da lucidez, permitindo ao sujeito exercitar a capacidade de escolha: a busca da liberdade.

Discutir valores sociais e vivências individuais para traçar o projeto existencial; é o cuidar (*Sorge*) da essência do homem que é a sua existência. É a busca do sentido de vida. Estimular o sujeito no exercício da bonomia, do humor e da alegria, diante da vida e no exercício da coragem diante do infortúnio, da solidão e da morte. É a busca da sabedoria.

A oportunidade para que o sujeito continue seu caminho rumo ao crescimento espiritual, na busca da transcendência, penetra nas preocupações de ordem religiosa e escapa do terreno das psicoterapias que, no entanto, vieram até ali. "A hora de Deus não pertence ao analista", diria Erna van de Winckel.

Vários são os exercícios e práticas místicas propostas para ser aplicadas às psicoterapias, requerendo convicção profunda, treinamento especial e disponibilidade excepcional. São elas: encontro existencial de Buber, em sua forma pura, *peak-experience*, de Maslow, os propósitos da medicina vibracional, as experiências sublimes ou estéticas descritas por Pierre Weil, as experiências como as ocorridas com Santa Tereza D'Avila e São João da Cruz, os aprofundamentos como ioga, zen etc. e as pesquisas da parapsicologia.

Ainda se podem registrar vivências do encontro cósmico propostas por segmentos filosófico-religiosos como Rosa-Cruz, teosofia, cabala judaica, cientologia, cristianismo primitivo, movimentos religiosos carismáticos, espiritismo, Nova Era e outros.

Com justificativa médica, sob "controle científico", mas com clara determinação de "expansão cósmica", podemos registrar: as fases avançadas do Treinamento Autógeno de Schultz, as fases avançadas do Sonho Acordado de Desoielle, as técnicas de Grof com o uso do LSD, a busca da "memória" ao nível pré-uterino, à fecundação, no ADN e ADR.

Todas essas iniciativas de certa forma preocupam-se com o chamado retorno *ad-infinitum*.

Freud identificava, hipoteticamente, um sentimento arcaico e primevo de vivência oceânica, que envolveria o indivíduo nos seus primeiros momentos de vida que, no entanto, ressalvava, não seria possível a memória registrar.

A fenomenologia permite o retorno vivencial ao passado, no qual tudo ocorrerá ao nível simbólico exclusivamente.

J. L. Moreno afirmava a existência de uma face religiosa da psicoterapia, por meio da necessidade primordial da "re-ligação", considerando lícito buscar a vivência cósmica anterior.

Pierre Weil, em cuja leitura nos ilustramos para informar ao leitor sobre o tema em pauta, é conhecido psicodramatista que trilhando esses caminhos propõe-nos a busca do "universo homogêneo primitivo e do sincretismo original".

Particularmente, posiciono-me de forma cautelosa, não me habilitando a essas "expansões" de interesses que ultrapassam as possibilidades de convalidação da psicoterapia classicamente consagrada.

Em minha experiência, o trabalho psicoterápico, por vezes, leva a estados alterados de consciência, estados segundos, transes, êxtases, mas interpreto e utilizo-os de forma diferente da busca místico-religiosa. Vejo esses acontecimentos nos seus limites psicológico-existenciais, dentro da mobilização psicoafetivo-emocional que é a proposta mesmo da tarefa ao se promover a catarse de integração.

Não me furto ao diálogo de conteúdo religioso, a "suprema preocupação" de que nos fala Paul Tillich, pois tenho consciência de que cuidar do psiquismo é cuidar de um pedaço da alma. Mas a alma mística deixo-a aos sacerdotes.

A chave das intersubjetividades

Na compreensão fenomenológica busca-se o sentido, o nexo, o significado das vivências, sem que o terapeuta pretenda deter ele mesmo, exclusivamente, a chave da tradução do que ocorra, no estado consciente ou no estado inconsciente. A compreensão exige um modo de estar com o outro, o terapeuta participando com o sujeito, sem poder ficar do lado de fora, sabendo que as suas eventuais "explicações" supõem limitação, ambigüidade e mesmo indefinições, quando não, impossibilidade pessoal de participar do processo compreensivo. A posição compreensiva resulta da reciprocidade das subjetividades terapeuta-terapeutizando, pois ambos estarão comprometidos no processo.

Assim posto, vejamos os recursos de ação terapêutica que possam ocorrer em uma sessão de psicoterapia psicodramática e permaneçam perfeitamente enquadrados na visão do método fenomenológico-existencial: catarse de ab-reação, com verbalização de associações mentais, produções psíquicas, conflitos emocionais e sentimentos circunstanciais vários. Reconhecimento das dinâmicas transferencial e télica de cada paciente com o terapeuta e demais participantes do grupo. A emoção do confronto, por meio da inversão correta dos papéis, possibilitando o encontro moreniano, a cons-

180 • Wilson Castello de Almeida

trução do sentido de pertencer ao grupo e a confirmação do outro como ser humano criativo e com possibilidades. Dados informativos que o grupo oferece em processo de *feedback;* transmissão de conhecimentos e informações significativas; compreensão intelectual e afetiva de certas situações, a partir da simples convivência no contexto grupal (*insight*) ou por meio de participação ativa nas dramatizações (*insight* psicodramático). Assimilação da vivência relacional, noção pela qual o terapeuta oferece uma relação interpessoal a mais próxima possível do natural e do espontâneo.

Pierre Weil lembra-nos de que "Moreno recomenda não somente uma relação autêntica, total e espontânea, mas ainda, um contato físico caloroso com o protagonista; a dimensão emocional do terapeuta, longe de ser refreada, faz parte da situação total da ação psicodramática". Essa proposta é "escandalosa" para os partidários da abstinência, pregada pela psicanálise.

No entanto, devemos arbitrar que há terapeutas sem a necessária extroversão para explicitar sentimentos na forma recomendada, e "forçar" gestos calorosos seria exercitar a antiespontaneidade. Torna-se importante ressalvar, pois, que o natural, o espontâneo e o caloroso referidos dirigem-se à autenticidade dos sentimentos a serem transmitidos ao paciente, e não à eventual pantomima. Na verdade, o que se exige do profissional é a disponibilidade para o atendimento, para o encontro clínico, acrescentada da agilidade de idéias e vivacidade afetivo-emocional. Isso quer dizer relação em busca do estado télico. O jeito de fazê-la será conforme os recursos de cada um.

O psicodrama propõe: oportunidade do compartilhar, em que a troca de experiências emocionais vividas transforma-se em verdadeiro *love-back,* conforme Zerka Moreno. Outro recurso esperado, como a construção de um "projeto de vida", significa uma abertura nas perspectivas do indivíduo, com valorização de suas partes positivas e saudáveis e fortalecimento de sua auto-estima. Conscientização correta, e adequadamente proporcional à realidade, dos sintomas objetivos e subjetivos de doenças psíquicas, somáticas, ou psicossomáticas, para melhor manejo e enfrentamento emocional das várias situações interpostas por aqueles sintomas.

Compreensão das ambigüidades existenciais e das ambivalências psicológicas, não numa perspectiva maniqueísta, explicativa, definidora, mas com a consciência de que, entre os pólos das várias díades (amor e ódio etc.), há um *continuum* que é essência mesmo da natureza humana.

Re-vivência de processos oníricos, pela dramatização, com vista a clarear e ampliar o espaço existencial. Criação de novos papéis e re-criação de papéis antigos; formulação e reformulação dos vínculos. Re-vivência de aspectos da vida de modo geral, e em particular de fatos ligados à matriz de identidade (rematrização). Proposta, reeducação e possibilidade de o paciente agir, não pela doença, mas pelas suas reservas de espontaneidade/criatividade/liberdade, agir pela saúde.

Para o não-iniciado no psicodrama ressalta-se, do que foi dito até aqui, que a ação terapêutica ocorre mesmo na ausência dos jogos dramáticos de aquecimento e das dramatizações, pois, sem dúvida, elas não detêm a hegemonia do trabalho realizado. Numa sessão de psicodrama, conversa-se, trocam-se experiências afetivas e pragmáticas, dialoga-se, permanece-se em silêncio, chora-se, ri-se e até dramatiza-se.

A catarse de integração

No processo de dramatizar, deparamos com o mais importante modo de ação terapêutica do psicodrama, que é a catarse de integração.

Se a psicanálise deve ser caracterizada pela "interpretação psicanalítica da transferência", sendo esta, por excelência, o modo de ação do analista, conforme nos falam Laplanche e Pontalis, no psicodrama essa interpretação inexiste, mesmo porque os contextos de trabalho são diferentes. Para manter analogia com a afirmação daqueles autores, diria que o que caracteriza o trabalho do psicodrama, o seu modo de ação por excelência, é a interpretação permitida pela catarse de integração, por meio do adequado uso das técnicas psicodramáticas e de seus pressupostos teóricos.

Pela "direção" do trabalho grupal o terapeuta psicodramatista propicia ao grupo ou ao indivíduo dentro do grupo a possibilidade de vivenciar a "catarse de integração", em que o próprio sujeito terá a percepção afetiva e intelectual da situação em que está envolvido, não pela intromissão da "interpretação comunicada", mas pela evidência que o drama ali desvelado lhe impõe. Ao paciente não é dada a "interpretação inquiridora", mas tão-somente a oportunidade de viver a emoção de encontrar-se, num primeiro momento, com a sua verdade psicológico-existencial, desvelando-a, enfim.

As "interpretações transferenciais" que caracterizam o método psicanalítico não são, pois, usadas pelo método fenomenológico-existencial, pelo menos de modo sistemático. Na emergência de fazê-las, o terapeuta deverá estar alerta para o fato de que esse tipo de interpretação, fora do seu contexto específico, poderá significar apenas uma especulação intelectual ou, o que é pior, uma agressão ao interlocutor. Assim, os amigos ficarão livres das "interpretações selvagens", os inimigos, das "interpretações paranóides" e os pacientes, de ambas.

No psicodrama, os processos transferenciais são trabalhados com o uso de recursos dramáticos, para que o paciente deles se aperceba. E para se permanecer fiel à proposta moreniana privilegia-se a transferência que ocorre por meio dos papéis.

Ao retomar o conceito de catarse, ampliando-o e instrumentalizando-o com as técnicas psicodramáticas, Moreno definiu-se coerentemente pela proposição do compreender fenomenológico, senão, vejamos.

Na experiência clínica de Freud o conceito de catarse esgotou-se e deu lugar à associação livre, às interpretações da resistência e da transferência. Até então, catarse traduzia-se por purgação, purificação, descarga de emoções, reação, alívio de tensões, confissões, abreação. Com estes significados foi abandonado. Moreno não usou o vocábulo com esses antigos sentidos, pois seria explorar caminhos já percorridos. Ele retomou-o da *Poética* de Aristóteles e, fiel ao seu espírito criativo, elaborou a idéia de "catarse psicodramática". E para livrá-la de eventual confusão com a técnica catártica, enquanto simples desabafos e manifestações de impulsividade, denominou-a "catarse de integração".

A catarse aristotélica ocorreria no leitor ou espectador, a partir do texto ou da representação, como produto final (literatura/dramaturgia) do esforço do autor, cristalizado na forma de uma "conserva cultural". Mas ao leitor/espectador posto em contato com a conserva a catarse emocional e mental que poderia sofrer não iria além de um impacto introspectivo, numa crucial limitação.

Na catarse de ab-reação, já o indivíduo seria posto em contato com outro indivíduo e ele próprio teria a oportunidade de verbalizar associações mentais, produções psíquicas, conflitos emocionais, sentimentos vários. Sem dúvida, um avanço pela presença de outro elemento vivo também participando, de alguma forma, do processo. Para Moreno, o indivíduo aí, nessa forma de catarse, ainda seria passivo.

A catarse psicodramática propõe a catarse do ator, ator em que se deve transformar cada indivíduo, e, mais ainda, propõe a catarse do criador, criador que deve anteceder o ator. Este é o ponto fundamental de sua conceituação. Moreno acredita que a possibilidade de o indivíduo criar e a oportunidade de atuar (sentido do *acting-out* psicodramático) com espontaneidade, vivenciando diante de um público que consente e co-participa, é o segredo das transformações psicoemocionais que lhe venham a ocorrer. O princípio comum dessa forma de catarse para Moreno está na vivência da ação dramática espontânea. "Em virtude da universalidade do ato e sua natureza primordial ela abrange todas as outras formas de expressão."

Moreno estudou a catarse nos anos de 1911, 1919 e 1923, preocupado com sua origem ou *status nascendi*, para o que observou as pessoas concretas e as comunidades por elas formadas, em sua criatividade e espontaneidade:

> Os atores não eram quaisquer pessoas, gente *in abstrato*, mas a minha gente, meu pai e minha mãe, meus irmãos e irmãs, meus amigos e vizinhos. E os dramas em que estávamos interessados não eram os que amadurecem na mente dos artistas, mas, muito antes de chegaram a eles, os que surgem na vida cotidiana, no espírito das pessoas simples.

E por que a denominou "catarse de integração"?

Basicamente porque, para ocorrer, ela exige a integração, em estado télico, de dois ou mais participantes do grupo terapêutico, o que quer dizer: integração de intersubjetividades, de intencionalidades, de intuições. Ainda, integração do inconsciente comum do grupo, o co-inconsciente.

Busquei nos textos de Moreno e de outros autores novas achegas para esclarecer-nos.

Integração significaria juntar dialeticamente as várias catarses parciais, passíveis de ocorrer, para obter a catarse total, sintética, integral, integrada: catarse mental e corporal, a individual e a grupal. Dentro do espírito de totalidade do psiquismo humano, como quer a fenomenologia.

Significaria, ainda, unir os inúmeros elementos catárticos ou possibilitadores de catarse: a música, a dança, as cores, a plástica, os costumes (sentido antropológico-cultural), já que toda e qualquer atividade humana produziria alguma catarse, integrando-os.

Significaria que ela tem de ser interpessoal, a catarse de cada um dependendo da do outro, integrando-se. Os participantes do grupo deverão identificar-se com o protagonista, integrar-se com ele.

Fonseca correlaciona esse sair de si para um novo horizonte, para uma nova perspectiva de vida, o que Buber identifica com o existir (*ex-sistir*), abertura para o outro, sair para o outro, para o encontro. "O Eu-Tu aconteceria nos limites da catarse de integração."

Catarse de integração significa a mobilização de afetos e a união de todos os potenciais, físicos e psíquicos do indivíduo, para a compreensão fenomenológica do corte psicológico-existencial que a ele é dado num processo de co-existência, co-experiência e co-ação, com os demais participantes do grupo.

Significaria abrigar, no contexto psicodramático, as dimensões vividas e não-vividas, dando-lhes nexo e significado, compreendendo-as, integrando-as. Na linguagem de Bustos, o "eu" fixado no passado integrar-se-ia no presente. Na linguagem de Anzieu, o passado é restituído ao passado e deixa de determinar o indivíduo, devolvendo-lhe uma liberdade criadora, integrando, pois, o indivíduo no presente.

Diz-nos ainda Anzieu: "A originalidade de Moreno que conhecia Freud e a evolução de seus trabalhos está em ter dissociado a catarse da hipnose, conseguindo reproduzir o efeito catártico com sujeitos plenamente conscientes, o que só se poderia realizar pelo modo natural de produção desse efeito: o teatro".

No entanto, essa afirmativa tem contra-argumento: a catarse teatral poderá ocorrer também em um momento de menor lucidez, em verdadeiro transe ou êxtase, à semelhança de primitivas manifestações humanas. E disso não se envergonharão os psicodramatistas morenianos, pois foi por esse caminho mesmo que Moreno pretendeu desvendar os mistérios que travam o indivíduo livre, espontâneo, consciente e responsável pelos seus atos.

"Quanto mais chega a comprometer-se o paciente, menos consciência terá de seus atos: é como poder contemplar a atuação do inconsciente mesmo", dizia Moreno.

O poder purificador do teatro já era conhecido há muito tempo; o fato de as teorias psicológicas explicativas terem lançado luzes para o entendimento desse fenômeno não o inutilizou como eficiente meio de ação terapêutica. Moreno, não se pejando de trabalhar com os poderes mágicos da ação dramática, resgatou para as psicoterapias um segmento originado exatamente dos ritos religiosos e, por isso mesmo, legítima preocupação do homem no que diz respeito aos deuses e demônios que habitam o seu espírito.

"A teatralidade é inseparável das religiões de possessão", diria A. Métraux citado por Fanchette (1975).

A representação do drama pelo seu próprio autor, em *status nascendi*, como propõe Moreno, fornece elementos para uma análise objetiva do que seria subjetivo. É no palco, pois, que se dará a síntese da preocupação fenomenológica.

A ação psicodramática que leva à "catarse de integração" vai permitir a dialética do subjetivo e do objetivo, necessidade que mais tarde Sartre identificaria como a "exteriorização do interior" e a "interiorização do exterior". Naqueles breves minutos da "catarse de integração" o mundo factual do protagonista é posto entre parênteses e sua vida subjetiva (consciente ou inconsciente) se revela "em si mesma", sempre a partir de um contexto relacionado, pois dessa revelação participam os demais integrantes do grupo terapêutico.

Observe-se que a catarse de integração, no curso da atividade psicodramática, ocorre espontaneamente, sem o uso de sugestões, induções, interpretações, comunicações ou programações de qualquer tipo.

A espontaneidade do ato dramático é que vai permitir desreprimir o reprimido por imposições de fora, desrecalcar o recalcado por forças internas e desoprimir o oprimido pelas pressões políticas (sentido amplo), desvelando ao sujeito a estrutura de suas relações consigo mesmo e com o mundo, possibilitando-lhe a re-elaboração dessas relações.

"A catarse é engendrada pela visão de *um novo* universo e pela possibilidade de um *novo* crescimento", dirá Moreno.

Formas de catarse de integração

Há uma idéia de que a catarse de integração seria de ocorrência muito rara e de que quando isso ocorresse teria uma grande dramaticidade. Aceitar essa hipótese seria negar a presença efetiva do principal modo de ação terapêutica do psicodrama e, de certa forma, inviabilizá-lo como método terapêutico original.

Em minha experiência, pude detectar três formas de catarse de integração que assim sistematizei.

1. *Catarse revolutiva:* nesta forma o paciente passa pelo acontecimento catártico que o revoluciona interiormente, sensibilizando-o e mobilizando-o para novos e oportunos aprofundamentos. O protagonista poderá sentir uma sensação de alívio para as tensões acumuladas, ainda que de modo temporário. Em trabalho seguinte terá de ir mais a fundo.

2. *Catarse resolutiva:* nesta forma o paciente tem vivência e consciência de todo material psicológico-existencial recalcado, reprimido e oprimido. Como um relâmpago gravam-se-

lhe no espírito as possibilidades de um novo universo e um novo crescimento; sua vontade ganha energias retemperadas que chegam para ficar. São catarses de grande força dramática e estas, sim, são de ocorrência rara e responsáveis por sessões esteticamente belas e emocionalmente significativas.

3. *Catarse evolutiva:* nesta forma o paciente vai somando gradativamente dentro de si elementos catárticos parciais surgidos no decorrer do processo. Vai também encampando elementos vivenciados em outros modos de ação, tais como o *insight, insight psicodramático, feedbacks, love-backs,* confrontos, encontros etc. De sessão a sessão, de dramatização a dramatização, a quantidade e a qualidade dos afetos vão se modificando até que um dia finaliza-se o processo. A partir daí, ajustam-se e reestruturam-se os elementos da personalidade, ampliam-se os papéis desempenhados pelo paciente, de modo duradouro.

Ao grupo também é dado passar por esses momentos catárticos, mesmo porque o conceito de catarse de integração pressupõe a presença do grupo para promovê-la.

Exemplo clínico

O grupo comenta a sessão anterior e o protagonista de então fala dos sentimentos e reflexões acontecidas a partir do trabalho realizado. João ouve em silêncio, com a atitude habitual, evidenciando não estar bem e suplicando ajuda. Alguém lhe pergunta como está se sentindo. Responde que muito mal, sentindo um vazio interior, sentindo-se só, perdido e sem família, insatisfeito com a vida e com o trabalho que faz. O grupo foi-se envolvendo em suas queixas, mostrando-se interessado em ajudá-lo, e ele monopolizando a atenção grupal que se mobiliza para o seu relato, em que ressalta a pungente preocupação de não ter família. (João tem 31 anos, é filho único e está afastado dos pais há doze anos, com eles mantendo, apenas, relações formais (*sic*). Foi casado durante seis anos, vivendo crises constantes e separações intermitentes, e está divorciado há um ano. Tem um filho de 4 anos, a quem visita periodicamente.)

Em função dessa sensibilização grupal, João fica, consensualmente, caracterizado como o protagonista do momento. Então lhe é proposto um trabalho no contexto dramático. O terapeuta (doravante denominado T) propõe andarem juntos nesse contexto, enquanto conversam.

> J - Sinto vazio... sozinho... tive muitas perdas (*sic*) na vida...
>
> T - Você se lembra de alguma situação que tenha vivido concretamente e na qual essas sensações de hoje também tenham ocorrido?
>
> J - Já. Tive vários momentos assim. É uma sensação muito freqüente e muito antiga em minha vida...
>
> T - Então escolha uma delas que lhe pareça mais interessante para a gente trabalhar.

João fecha os olhos, espontaneamente, leva as mãos espalmadas ao rosto, permanece em silêncio por um lapso de tempo e diz:

> J - Me lembro quando tinha 5 anos. Vejo-me num corredor... sozinho...
>
> T - Então vamos montar esse corredor, como é ele, onde você está; faça... faça...
>
> J - [Com as mãos delimita o espaço no contexto dramático dizendo:] É daqui para lá [faz um gesto com as mãos] ... é escuro... eu estou sozinho... triste.
>
> T - Então você está com 5 anos, num corredor, sentindo-se sozinho e triste. Pense e diga alto que corredor é este e o que está acontecendo com você aqui e agora.
>
> J - Este é o corredor da casa de minha avó; nós vamos mudar hoje... não estou sozinho, minha mãe está ao meu lado.
>
> T - Escolha alguém do grupo para fazer o papel de sua mãe e diga a ela onde é o lugar dela.

João escolhe uma participante do grupo, a que chamaremos Maria, e a coloca a seu lado direito.

T - Façam uma troca de papéis.

Ocorre a troca. T, dirigindo-se a João, no papel de mãe, faz-lhe algumas perguntas que possam identificá-la e situá-la melhor. Fica-se sabendo, então, que João e seus pais iriam mudar-se naquele instante da casa da avó onde os pais viviam desde o casamento. João volta a seu papel original.

J - Estou muito triste, não quero sair da casa da minha avó. Eu não sabia dessa mudança, só agora, na última hora, me avisaram. Sinto-me sendo arrancado daqui.

É proposto, então, que ele traga para a cena as pessoas significativas das quais gostaria de se despedir naquele momento.

João utiliza-se de todos os participantes do grupo atribuindo-lhes um papel significativo: avós, tios, primos, amigos, distribuindo-os ao seu redor dentro daquele corredor imaginariamente montado.

Em seguida, tomado de intensa emoção, João vai aproximando-se de cada um, abraçando firme e afetuosamente e chorando com sofreguidão.

Passa pelas figuras dos pais parecendo não notá-los, sai, sendo seguido por eles.

T indaga como ele está se sentindo.

João diz estar fisicamente cansado e tenso pela vivência ocorrida. "Gostaria de estar numa cama."

T propõe ao grupo que se forme, com entrelaçamento de braços, uma cama que o possa receber. Isso é feito, após o que João se deita e passa a ser lentamente embalado.

Depois de alguns minutos, Maria, que fizera o papel de mãe na dramatização, começa a chorar convulsivamente e a dizer: "Onde você está? Você está muito sozinho? Eu não tive culpa". Repete por inúmeras vezes essas palavras e sempre chorando. Depois de algum tempo o grupo coloca João no chão e volta-se para Maria, inclusive João, que a abraça carinhosamente.

Passados mais alguns minutos dessa situação, o grupo interroga Maria sobre o que acontecera. Ela então relata, transfigurada, que perdera um filho de 5 anos (idade de João no contexto dramático) em um desastre de automóvel que ela dirigia.

T propõe um exercício de relaxamento que é feito por todos. Volta-se para o contexto grupal e passa-se para a etapa do "compartilhar".

Cada um dá o seu depoimento pessoal de como participou vivencialmente da sessão, evidenciando-se profundo envolvimento de cada elemento em suas experiências de separação e perda.

Note-se que Maria, 38 anos, casada há dezoito anos, com dois filhos vivos, adolescentes, viera para a psicoterapia psicodramática, depois de longo tratamento por psicoterapia verbal, com história de depressões constantes, tipo reativo. Caracterizava seu comportamento emocional por negar seus sentimentos, sem resolver uma intensa sensação de "ter uma pedra dentro do peito", sensação esta que não conseguia identificar com as emoções negadas.

Dos depoimentos ocorridos no "compartilhar" ficam-nos, para registro, o de João e o de Maria:

> J - Eu não me lembrava mais que um dia tivera uma família [referindo-se aos avós, primos, tios e amigos].
>
> M - Depois disso a pedra esfarelou.

Comentários

Ainda que a descrição permaneça pálida diante da força da sessão realizada, o que houve aqui foi uma "catarse de integração", atingindo todo o grupo e os protagonistas. Se quisermos ser mais rigorosos, diria que Maria foi a que viveu mais integralmente a ação de "catarse" conforme foi entendida teoricamente, em sua forma revolutiva. João teria tido um *insight* psicodramático.

EPÍLOGO

Desde o início de minha participação no psicodrama, interessei-me pela convergência dessa matéria com a psicanálise, tendo a fenomenologia existencial como amarra eficiente e suficiente para isso. Foi quando montei o quadro seguinte, que deixo à apreciação do leitor, para iniciar este último capítulo do livro.

Contudo, são tantas as psicanálises, e a diversidade da área analítica é tão ampla, que se torna difícil essa tarefa das correlações do psicodrama com esse segmento plural do conhecimento que se constituiu a partir de Freud. Onde fazer a ancoragem?

Um fato inconteste, porém, é que os psicodramatistas, desde o próprio Moreno, têm-se debatido nessa história do pensamento revolucionário emplacado em cem anos de vida da Psicanálise. Eu mesmo, certa vez, li em um livro sobre psicoterapias, de autor norte-americano, que o psicodrama seria uma "dissidência" do pensamento freudiano. Durval Mazzei Nogueira Filho fortalece essa idéia no capítulo "Psicoterapias: do exorcismo às teorias cognitivas", publicado no livro *Psiquiatria: da magia à evidência* (2005). Para Elisabeth Roudinesco o psicodrama encontra-se entre as variantes da psicanálise, e Lacan também se refere ao psicodrama com respeitoso interesse. Essas últimas opiniões refletem o espírito inovador e libertário da cultura francesa, o que propiciou o aparecimento de nomes de psicanalistas como Didier Anzieu, Diatkine, o casal Lemoine e outros, no campo psicodramático.

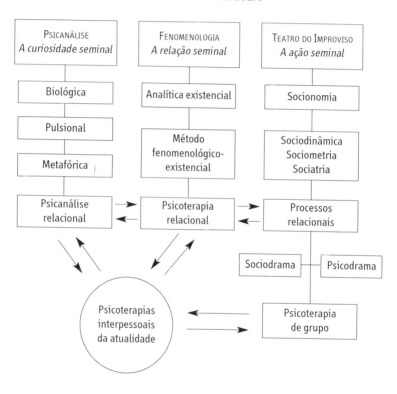

Toda preocupação freudiana foi a de pesquisar a forma de funcionamento da vida mental, a de buscar as causas do modo de comportar humano e a de explicar as forças que motivam (ou não) o sujeito para a vida, numa vertente a que se chamou inconsciente dinâmico.

Em sua prática a psicanálise foi um "movimento de liberação" para dirimir e diminuir o sofrimento moral do homem. Os objetivos estabelecidos pelos participantes da famosa reunião das quartas-feiras (entre eles Freud, Ferenczi, Jones, Rank e outros) podem ser resumidos em algumas palavras: que as pessoas pudessem libertar-se de comportamentos anacrônicos, de segredos excessivos sobre a sexualidade infantil e a da mulher, de palavras cediças, de recalques angustiosos, de obrigações desnecessárias, de imposições de um viver mentiroso, de aparências falsas e de seduções iníquas. E que tendências (palavra da época) sexuais diversas fossem respeitadas e as mulheres e os homens não precisassem sentir vergonha da sua condição existencial.

Antes de Freud a compreensão da sexualidade foi uma sucessão de fantasias e erros de avaliação, permitindo-se a "teoria da degenerescência", a ideologização do instinto sexual e toda a gama de preconceitos instalados no cerne do pensamento burguês do século XIX.

De início, na área científica, mesmo Freud não conseguiu livrar-se das definições psiquiátricas de seu tempo, deixando-se contaminar pelo imaginário popular, pela moral do senso comum e, provavelmente, pelos sentimentos religiosos sutilmente impregnados em sua formação.

Posteriormente, a partir de 1905 com os *Três ensaios sobre a teoria sexual*, seguindo-se inúmeros textos subseqüentes, até 1938, ele foi o responsável pelas mudanças no "como pensar a sexualidade", pela ousadia em abrir o tema a uma discussão crível, pertinente e honesta, na medida em que as idéias de sua lavra invadiram de forma compacta a cultura, abalaram as certezas escolásticas, sacrificaram a inocência e, outrossim, estimularam a ternura (*Liebe*) e a expansão da civilidade.

Em *O mal-estar na civilização* (vol. XXI), Freud escreve:

> O sofrimento nos ameaça a partir de três direções: de nosso próprio corpo, condenado à decadência e à dissolução, e que nem mesmo pode dispensar o sofrimento e a ansiedade como sinais de advertência; do mundo externo, que pode voltar-se contra nós com forças de destruição esmagadoras e impiedosas; e, finalmente, de nossos relacionamentos com os outros homens [...]. O sofrimento que provém dessa última fonte talvez seja o mais penoso do que qualquer outro.

E nesse mesmo texto Freud propõe "tornar-se membro da comunidade humana [...] trabalhando com todos para o bem de todos".

J. L. Moreno, ao pretender dar um passo além de Freud, insistiu em que os nossos relacionamentos com outros homens, mulheres e crianças poderão atingir um índice de qualidade digno de uma sociedade civilizada, a partir do método psicodramático, grupal.

> Historicamente, o psicodrama representa o ponto culminante na passagem do tratamento do indivíduo isolado para o tratamento do indivíduo em grupos. O psicodrama aproxima-se da própria vida. Quanto mais uma psicoterapia se aproxima da vida, maior será o sucesso terapêutico.

São frases suas colhidas do livro de Rosa Cukier (2002).

Peter Gay resume em poucas linhas os contextos relevantes em que a figura de Freud se agigantou:

> A profissão psiquiátrica que ele subverteu e revolucionou, a cultura austríaca em que foi obrigado a viver como judeu descrente e médico pouco convencional, a sociedade européia que, durante a vida de Freud, passou pelos terríveis traumas da guerra e do totalitarismo, e a cultura ocidental como um todo, uma cultura cuja percepção de si mesma ele transformou irreconhecivelmente para sempre.

O ideário psicanalítico referido participa da cultura ocidental de tal forma que não seja mais contestado. Restam as discussões em torno dos aspectos técnicos de seu uso e algumas contribuições novas que não chegam a abalar o que foi posto durante um século. Freud ganhou lugar na ciência entre os nomes de Copérnico, Newton, Darwin, Marx, Pasteur, Niezstche, Einstein, cientistas de estofo universal.

Moreno, com toda justiça, inscreve-se entre os grandes nomes da psicologia social, campo em que se mostrou criativo, criador, revolucionário mesmo, e onde foi capaz de propor nova noção de paradigma grupal, criando uma escola, um modelo, um estilo, fazendo do psicodrama uma ciência.

Não há motivos para antepor J. L. Moreno à figura de Freud. A cada um o seu lugar devido.

O grande ponto de aproximação entre psicodrama e psicanálise se deu quando esta evoluiu para a sua forma de psicoterapia relacional, o que ocorreu a partir de 1930, quando a fórmula "o ser se estrutura a partir das pulsões" se transformou em "o ser se estrutura a partir das relações", sendo esta uma afirmativa fenomenológico-existencial. Os precursores desse novo modo de pensar, dentro do movimento psicanalítico, foram Harry S. Sullivan, Erich Fromm, Fairbairn, Karen Horney, Ferenczi, Frieda Fromm-Reichmann, com destaque para William Alanson White, o mesmo homem que estimulou e apoiou J. L. Moreno em sua entrada nos Estados Unidos.

Também o psicanalista H. Guntrip (1971) afirmara que mais importante do que o estudo aprofundado das pulsões (que não deixariam de ter o seu valor) seria o realce às relações humanas do ponto de vista existencial.

Esse novo posicionamento é perfeitamente compreensível dentro da prática dos psicodramatistas, quando se percebe que nas psicoterapias o que se faz não é outra coisa senão falar e dramatizar sobre as relações entre pessoas.

O cliente fala e dramatiza sobre suas relações com os pais, com os filhos, com a esposa, com as amantes ou os amantes, com os amigos e inimigos, seja na concretude dos fatos, seja nos devaneios do desejo. O paciente fala de doenças emocionais e sintomas mentais de modo que possa se referir, sempre, a alguém. Alguma pessoa estará quase sempre presente em situações de vida, projetos e frustrações. Se porventura não houver a quem se referir, ele se voltará para a pessoa do terapeuta ou de seus colegas de grupo. O grupo estará sempre tratando o grupo e os protagonistas em suas autobiografias e nos desvãos do romance familiar, as *dramatis personae* tão ao gosto de Moreno.

Inúmeros autores e pensadores dos dias de hoje são de opinião que nas próximas décadas todas as filosofias dos séculos XIX e XX (aí incluída a psicanálise como tal) não mais se sustentarão; porém, o exercício da alteridade e as questões relativas ao relacionamento humano permanecerão como desafio perene.

Nesse sentido as idéias de J. L. Moreno serão sempre atuais, e os psicodramatistas serão convocados a cuidar dos pequenos grupos sociais num processo de tratamento *em* grupo, *no* grupo, *do* grupo, *de* grupo, confirmando a vocação sociopsicodramática de seu ofício, como reforça Luís Falivene R. Alves no escrito "Novas vertentes do psicodrama no tratamento dos grupos".

A psicanálise relacional, a psicoterapia relacional da fenomenologia existencial e os processos relacionais do psicodrama fornecem subsídios para todas as psicoterapias da atualidade que convergem para o que J. L. Moreno chamou de psicoterapias interpessoais, termo também usado por Harry S. Sullivan (1947) e hoje disseminado no mundo das psicoterapias. O entrelaçamento teórico estará presente, com razoável consistência, no método fenomenológico-existencial. É o que tentei demonstrar nas páginas deste livro. Espero ter sido feliz na empreitada.

Obrigado a todos os que me leram com a luz de sua inteligência e o calor de seu afeto, lembrando Goethe, para quem "a teoria é seca, mas a árvore eterna da vida é sempre verde".

REFERÊNCIAS BIBLIOGRÁFICAS

ALMEIDA, J. *Metodologia das ciências físicas e naturais*. Curitiba: Guaíra, 1940.
_____. *Noções de psicologia aplicada à educação*. São Paulo: Nacional, 1947.
_____. *Noções de psicologia experimental*. Rio de Janeiro: Simões, 1958.
ALMEIDA, C. W. de. "Moreno e as bases filosóficas do psicodrama". *Rev. Febrap*. São Paulo: 1(2): 4-6, 1978.
_____. "Cotejamento de acontecimentos histórico-culturais, datas e pessoas que teriam influenciado na formação de J. L. Moreno". Trabalho de pesquisa apresentado no 11º Congresso Brasileiro de Psicodrama. Canela, 1980.
_____. "Psicodrama e psicoterapia existencial". In: *Anais do XII Congresso de Neurologia, Psiquiatria e Higiene Mental*. Curitiba, 1977.
_____. *Aspectos fenomenológicos e existenciais da teoria e da prática do psicodrama*. Dissertação de mestrado. São Paulo: Universidade de São Paulo, 1981.
_____. *A psiquiatria da psicose depois das contribuições psicanalíticas de Jacques Lacan*. Monografia. São Paulo: Instituto de Psicologia da Universidade de São Paulo, 2001.
_____. *Defesas do ego: leitura didática de seus mecanismos*. São Paulo: Ágora, 1996.
ALTENFELDER, Luís. *Psicoterapia de grupo com psicóticos*. São Paulo: Lemos, 2001.

AMADO, G. e GUITTET, A. *A dinâmica da comunicação nos grupos.* Rio de Janeiro: Zahar, 1978.

ANZIEU, D. *Psicodrama analítico.* Rio de Janeiro: Campus, 1981.

ASTI VERA, A. *Metodologia da pesquisa científica.* Porto Alegre: Globo, 1973.

AUGRAS, M. "Fenomenologia da situação de psicodiagnóstico". In: *O ser da compreensão.* Petrópolis: Vozes, 1978.

BAZARIAN, J. *O problema da verdade.* São Paulo: Símbolo, 1980.

BINSWANGER, L. "Análise existencial y psicoterapia". In: *Artículos y conferencias escogidas.* Madri: Gredos, 1973.

_____. *Três formas de la existencia frustrada.* Buenos Aires: Amorrurtu, 1972.

_____. "Sobre fenomenologia". In: *Artículos y conferencias escogidas.* Madri: Gredos, 1973.

BION, W. R. *Experiências com grupos.* São Paulo: Imago/Edusp, 1975.

BORHEIM, G. A. *Introdução ao filosofar: o pensamento filosófico em bases existenciais.* Porto Alegre: Globo, 1978.

BOUQUET, C. M. *Fundamentos para una teoría del psicodrama.* México: Siglo Veinteuno, 1977.

_____ *et al. Psicodrama: cuando y por qué dramatizar.* Buenos Aires: Proteo, 1971.

BOUR, P. *Psicodrama e vida.* Rio de Janeiro: Zahar, 1974.

BOWLBY, J. *Formação e rompimento dos laços afetivos.* São Paulo: Martins Fontes, 1982.

BUBER, M. *Eu e tu.* São Paulo: Cortez e Moraes, 1977.

BUSTOS, D. M. *Psicoterapia psicodramática.* Buenos Aires: Paidós, 1975.

_____. *O teste sociométrico.* São Paulo: Brasiliense, 1979.

CARUSO, I. *Psicanálise e dialética.* Rio de Janeiro: Bloch, 1967.

COOPER, D. *Psiquiatria e antipsiquiatria.* São Paulo: Perspectiva, 1973.

CORBISIER, R. *Enciclopédia filosófica.* Petrópolis: Vozes, 1974.

CUKIER, R. *Palavras de Jacob Levy Moreno.* São Paulo: Ágora, 2002.

DARTIGUES, A. *O que é a fenomenologia?* Rio de Janeiro: Eldorado, 1973.

DILTHEY, W. *Psicología y teoría del conocimiento.* México: Fondo de Cultura Económica, 1945.

FANCHETTE, J. *Psicodrama y teatro moderno.* Buenos Aires: La Pleyade, 1975.

FONSECA FILHO, J. *Psicodrama da loucura.* São Paulo: Ágora, 1980.

_____. *Psicoterapia de relação: elemento de psicodrama contemporâneo.* São Paulo: Ágora, 2000.

FREUD, S. *Obras completas.* Madri: Biblioteca Nueva, 1968.

GARRIDO MARTIN, E. *Psicología del encuentro.* Madri: S. E. Atenas, 1978.

GILES, T. R. *História do existencialismo e da fenomenologia.* São Paulo: Edusp, 1975.

GONÇALVES, Camila Salles. *Psicodrama com crianças*. São Paulo: Ágora, 1988.

GREENBERG, I. A. *Fundamentos y normas del psicodrama*. Buenos Aires: Hormé, 1977.

HANNS, L. *A teoria pulsional na clínica de Freud*. Rio de Janeiro: Imago, 1999.

HEIDEGGER, M. *Que é isto, a filosofia?* Belo Horizonte: Ed. UFMG, 1962.

_____. *Sobre o humanismo*. São Paulo: Abril Cultural, 1979 (Coleção Os Pensadores).

HESNARD, A. *Psicoanálisis del vínculo inter-humano*. Buenos Aires: Proteo, 1968.

HUSSERL, E. "Phenomenology". In: *Encyclopaedia Britannica*. Chicago/London: H. H. Benton Publ., 1959/1974.

_____. "Investigações lógicas". São Paulo: Abril Cultural, 1980 (Coleção Os Pensadores).

JASPERS, K. *Filosofia da existência*. Rio de Janeiro: Imago, 1973a.

_____. *Psicopatologia geral*. Rio de Janeiro: Atheneu, 1973b, 2 vols.

KIERKEGAARD, S. A. "Diário de um sedutor", "Temor e tremor", "O desespero humano". São Paulo: Abril Cultural, 1979 (Coleção Os Pensadores).

_____. *O conceito de angústia*. São Paulo: Hemus, 1968.

KNOBEL, Anna Maria. *Moreno em ato: a construção do psicodrama a partir das práticas*. São Paulo: Ágora, 2004.

LACAN, J. *Escritos*. Rio de Janeiro: Jorge Zahar, 1998.

LAING, R. D. *O eu dividido*. Petrópolis: Vozes, 1973.

_____. *O eu e os outros*. Petrópolis: Vozes, 1974.

LAPLANCHE, J. L. e PONTALIS, J. B. *Vocabulário da psicanálise*. Lisboa: Moraes, 1976.

LEMOINE, G. e LEMOINE, P. *Una teoría del psicodrama*. Buenos Aires: Granica, 1974.

LEVI-STRAUSS. "A cura simbólica". *Revista Tempo Brasileiro*. Rio de Janeiro, 1973.

LEVY, Laurice. *Integrando diferenças*. São Paulo: Ágora, 2000.

LUIJPEN, W. *Introdução à fenomenologia existencial*. São Paulo: EPU/Edusp, 1973.

MARINO, M. J. *O acontecimento educativo psicodramático: Heidegger, Moreno e uma psicodramatista*. Dissertação de mestrado. São Paulo: PUC, 1992.

MARTINS, C. *et al*. *Estudos sobre psicoterapia de grupo*. São Paulo: IAMSPE, 1966.

MASLOW, A. H. *Introdução à psicologia de ser*. Rio de Janeiro: Eldorado, s/d.

MAÜHIOLT, G. B. *Dinâmica e gênese dos grupos*. São Paulo: Duas Cidades, 1977.

MAY, R. *et al. Psicologia existencial.* Porto Alegre: Globo, 1974.

MERLEAU-PONTY, M. *La fenomenología y las ciencias del hombre.* Buenos Aires: Editorial Nova, 1969.

MILAN, B. *O jogo do esconderijo.* São Paulo: Novos Umbrais, 1976.

MOCCIO, F. e MARRODAN, H. M. *Psicoterapia grupal.* Buenos Aires: Búsqueda, 1976.

MONEDERO, C. *Introducción a la psicopatología.* Madri: Ed. Biblioteca Nueva, 1977.

MONTEIRO, R. F. *Jogos dramáticos.* São Paulo: McGraw-Hill, 1979.

MORENO, J. L. "Origins and foundations of interpersonal theory". *Sociometry,* vol. XII. Nova York: Beacon House, 1949.

_____. *Psicomúsica y sociodrama.* Buenos Aires: Hormé, 1965.

_____. *Psicoterapia de grupo y psicodrama.* México: Fondo de Cultura Económica, 1966a.

_____. "Psiquiatría del siglo XX: función de los universales: tiempo, espacio, realidad y cosmos". *Cuadernos de psicoterapia.* Buenos Aires, IV(2/3): 3-16, 1966b.

_____. *Las bases de la psicoterapia.* Buenos Aires: Paidós, 1967.

_____. *Origins of encounter and encounter groups.* Nova York: Beacon House, 1970.

_____. *Fundamentos de la sociometría.* Buenos Aires: Paidós, 1972a.

_____. *Psicodrama.* Buenos Aires: Hormé, 1972b.

_____. *The theatre of spontaneity.* Nova York: Beacon House, 1973.

_____. *Psicoterapia de grupo e psicodrama.* São Paulo: Mestre Jou, 1974.

_____. (1959) *Psychodrama: foundations of psychotherapy.* Nova York: Beacon House, 1975a.

_____. *Psicodrama.* São Paulo: Cultrix, 1975b.

_____. *Las palabras del padre.* Buenos Aires: Vancu, 1976.

MORENO, Z. T. *A realidade suplementar e a arte de curar.* São Paulo: Ágora, 2001.

_____. *Psicodrama de crianças.* Petrópolis: Vozes, 1975.

NAFFAH NETO, A. *Psicodrama, descolonizando o imaginário.* São Paulo: Brasiliense, 1979.

_____. *Psicodramatizar.* São Paulo: Ágora, 1980.

NAVARRO, M. P. *et al.* "Mecanismos de ação do psicodrama". *Rev. Febrap.* São Paulo I(2): 36-37, 1978.

NOBRE DE MELO. *Psiquiatria.* São Paulo: Atheneu, 1970.

NOGUEIRA FILHO, Durval Mazzei. "Psicoterapias: do exorcismo às teorias cognitivas". In: RAMADAN, Zacaria Borge Ali e ASSUMPÇÃO JR., Francisco B. (orgs.). *Psiquiatria: da magia à evidência.* São Paulo: Manole, 2005.

PAES BARRETO, F. "Dualismo mente-corpo: a premissa do conceito de doença mental". *Rev. Psicologia Clínica e Psicoterapia*. Belo Horizonte: 1(2): 5-8, 1977.

_____. *Reforma psiquiátrica e movimento lacaniano*. Belo Horizonte: Itatiaia, 1999.

PAGÉS, M. *A vida efetiva dos grupos*. Petrópolis/São Paulo: Vozes/Edusp, 1976.

PERAZZO, S. *Descansem em paz os nossos mortos dentro de mim*. São Paulo: Francisco Alves, 1986.

PICHON-RIVIÉRE, E. (1956). *Teoria do vínculo*. São Paulo: Martins Fontes, 2000.

PORTUONDO, J. A. *Psicoterapia de grupo y psicodrama*. Madri: Ed. Biblioteca Nueva, 1972.

PUNDIK, J. *Moreno: pensamiento y obra*. Buenos Aires: Genitor, 1969.

QUINET, A. *Teoria e clínica da psicose*. Rio de Janeiro: Forense, 2000.

RAMADAN, Z. B. A. "Esboço de uma fenomenologia do psicodrama". *Rev. Psicodrama*, São Paulo: I(1):41-46, 1970.

_____. *Psicoterapias*. São Paulo: Ática, 1987.

ROCHEBLAVE-SPENLÉ, A. M. *La notion de role en psychologie sociale*. Paris: Prenses Universitaires de France, 1969.

ROGERS, C. R. *Grupos de encontro*. Lisboa: Moraes, 1972.

ROJAS-BERMÚDEZ, J. G. *Introdução ao psicodrama*. São Paulo: Mestre Jou, 1977.

ROMAÑA, M. A. *Psicodrama pedagógico*. Campinas: Papirus, 1985.

RUITENBEEK, H. M. *et al. Psicoanálisis y filosofía existencial*. Buenos Aires: Paidós, 1965.

SARTRE, J. P. *Bosquejo de una teoría de las emociones*. Madri: Alianza Editorial, 1971.

_____. *O existencialismo é um humanismo*. Lisboa: Presença, s/d.

SCHÜTZENBERGER, A. A. *Psicodrama: o teatro da vida*. São Paulo: Duas Cidades, 1970.

_____. *Introdução à dramatização*. Belo Horizonte: Interlivros, 1978.

SILVA DIAS, V. R. C. *Psicodrama: teoria e prática*. São Paulo: Ágora, 1987.

SOEIRO, A. C. *Psicodrama e psicoterapia*. São Paulo: Natura, 1976.

SONENREICH, C. "Os limites do 'como se' no psicodrama". *Temas*. São Paulo: 77(5/6): 59-75, 1973.

VAN DEN BERG, J. H. *O paciente psiquiátrico: esboço de psicopatologia fenomenológica*. São Paulo: Mestre Jou, 1966.

VOGT, C. *Linguagem, pragmática e ideologia*. São Paulo: Hucitec/Funcamp, 1980.

VOLPE, A. J. *Inconsciente e destino*. Dissertação de mestrado. São Paulo: PUC, 1985.

VON ZUBEN, N. A. "Introdução". In: BUBER, Martin. *Eu e Tu*. São Paulo: Cortez e Moraes, 1977.

VV. AA. *A ética nos grupos*. São Paulo: Ágora, 2002.

WAHL, J. *As filosofias da existência*. Lisboa: Europa-América, 1962.

WATZLAWICK, P. *et al. Pragmática da comunicação humana*. São Paulo: Cultrix, 1973.

WEIL, Pierre. *Psicodrama*. Rio de Janeiro: Cepa, 1978.

WEIL, Pierre & SCHÜTZENBERGER, A. A. *Psicodrama triádico*. Belo Horizonte: Interlivros, 1977.

WOLFF, J. R. A. S. *Sonho e loucura*. São Paulo: Ática, 1985.

leia também

AINDA E SEMPRE PSICODRAMA
Sérgio Perazzo

Um dos mais importantes psicodramatistas brasileiros apresenta uma revisão crítica da Teoria do Núcleo do Eu, Teoria dos Papéis, Teoria da Espontaneidade e Tele, entre outros, permitindo uma atuação e revigoração do pensamento de Jacob Levy Moreno.
REF. 20467   ISBN 85-7183-467-9

ASTROS E OSTRAS
UMA VISÃO CULTURAL DO SABER PSICOLÓGICO
Domingos Junqueira de Brito

Ensaios que abordam temas sobre o pensamento psicodramático, buscando a aproximação com a antropologia e a sociologia. O autor, que percorreu os caminhos da psicanálise, do pensamento existencial e do psicodrama, usa esse referencial para tecer seus comentários. Um dos propósitos do trabalho é o de resgatar a socionomia e os conceitos psicodramáticos do risco dos modismos. Mas o objetivo maior é o de estimular as reflexões e o diálogo interdisciplinar.
REF. 20539   ISBN 85-7183-539-X

DEFESAS DO EGO
LEITURA DIDÁTICA DE SEUS MECANISMOS
Wilson Castello de Almeida

O grande feito deste livro é o de reunir de forma clara e concisa todos os complexos conceitos sobre o desvendamento dos mecanismos de defesas do Ego, dispersos em inúmeras obras. Útil e interessante, esta é uma obra fundamental para estudantes e profissionais de psicologia, psicanálise, psicodrama, medicina e áreas afins.
REF. 20525   ISBN 85-7183-525-X

DO ANIMAL AO HUMANO
UMA LEITURA PSICODRAMÁTICA
José Carlos Landini

Uma revisão dos conceitos originários da física e da antropologia moreniana. Trata-se de um balanço detalhado dos conceitos do psicodrama, uma análise ousada, temperada por inúmeras leituras, entre elas a do revolucionário Fritjof Capra. Indicado para estudantes e psicodramatistas sempre abertos a novos questionamentos.
REF. 20644   ISBN 85-7183-644-2

leia também

O ESSENCIAL DE MORENO
TEXTOS SOBRE PSICODRAMA, TERAPIA DE GRUPO E ESPONTANEIDADE
Jonathan Fox

Os melhores e mais importantes textos de J. L. Moreno estão reunidos neste volume. Eles revelam as suas idéias ao desenvolver o psicodrama e a sociometria, com forte ênfase na espontaneidade e na criatividade. Há vários exemplos de casos tratados por Moreno. Introdução e comentários de Jonathan Fox.
REF. 20790   ISBN 85-7183-790-2

JACOB LEVY MORENO 1889-1974
PAI DO PSICODRAMA, DA SOCIOMETRIA E DA PSICOTERAPIA DE GRUPO
René F. Marineau

O primeiro livro a examinar a história de Moreno na Europa, assim como os anos passados nos Estados Unidos. Através de entrevistas e pesquisas feitas nos arquivos de Viena, Marineau nos oferece um retrato desse homem excepcionalmente criativo e nos apresenta uma nova maneira de compreender Moreno.
REF. 20401   ISBN 85-7183-401-6

MORENO:
ENCONTRO EXISTENCIAL COM AS PSICOTERAPIAS
Wilson Castello de Almeida

Uma biografia concisa, original e agradável sobre o criador do psicodrama, Jacob Levy Moreno. Quase como num romance, o autor nos faz conhecer a vida, o contexto cultural e político desse médico e pensador que inovou as técnicas de tratamento psicológico. Boa indicação para estudantes que estão se iniciando e para os experts que apreciam uma abordagem original.
REF. 20078   ISBN 85-7183-078-9

PSICOTERAPIA DA RELAÇÃO
ELEMENTOS DE PSICODRAMA CONTEMPORÂNEO
José Fonseca

Um livro-acontecimento, há muito esperado. Ele compreende todo o percurso profissional de Fonseca, reunindo textos importantes, inclusive aquele que marca sua passagem entre a psicanálise e o psicodrama. Entre outros temas, a famosa psicoterapia da relação é descrita e explicada. O livro conta ainda com artigos de outros terapeutas que se afinam com o autor e sua abordagem.
REF. 20716   ISBN 85-7183-716-3

leia também

QUANDO O TERAPEUTA É O PROTAGONISTA
ENCONTRO COM DALMIRO M. BUSTOS
Suzana Modesto Duclós

Bustos, psicodramatista argentino considerado o herdeiro de Moreno na América Latina, nos é apresentado aqui: seus conhecimentos, convicções, incertezas, contradições e buscas. Um retrato profundo que permite conhecer aquele que é uma das partes fundamentais da matriz de identidade do pensamento psicodramático brasileiro.

REF. 20420   ISBN 85-7183-420-2

A REALIDADE SUPLEMENTAR E A ARTE DE CURAR
Zerka T. Moreno, Leif Dag Blomkvist, Thomas Rutzel

Obra que tem a importância de um documento histórico. Zerka Moreno e Leif Dag Blomkvist dialogam sobre os principais conceitos do psicodrama, entre eles a realidade suplementar, um dos mais significativos legados de Moreno. O livro também traça paralelos com outras expressões culturais que exerceram influências sobre o psicodrama, desde os antigos rituais religiosos até a arte surrealista.

REF. 20786   ISBN 85-7183-786-4

UM HOMEM À FRENTE DE SEU TEMPO
O PSICODRAMA DE MORENO NO SÉCULO XXI
Ronaldo Pamplona da Costa (org.)

São artigos de um grupo de brilhantes profissionais do psicodrama que passou cinco anos se dedicando à leitura, análise e discussão da obra *Who shall survive?* (Quem sobreviverá?), de Moreno. Cada participante desenvolveu seu trabalho sobre o tema que mais o tocou, sem a preocupação didática de tentar explicar o livro em si.

REF. 20789   ISBN 85-7183-789-9

UMA VISÃO GLOBAL DO PSICODRAMA
FUNDAMENTOS HISTÓRICOS, TEÓRICOS E PRÁTICOS
Adam Blatner e Allee Blatner

Blatner é um dos profissionais mais conceituados dos Estados Unidos e este é um clássico do psicodrama. Ele aborda as origens dessa técnica a partir de sua história, filosofia e seus aspectos psicossociais, sempre do ponto de vista da prática. Um livro importante para psicólogos que buscam conhecer as bases do psicodrama.

REF. 20515   ISBN 85-7183-515-2

IMPRESSO NA

sumago gráfica editorial ltda
rua itauna, 789   vila maria
02111-031   são paulo   sp
telefax 11 **6955 5636**
sumago@terra.com.br

G R Á F I C A
sumago

------ dobre aqui ------

CARTA-RESPOSTA
NÃO É NECESSÁRIO SELAR

O SELO SERÁ PAGO POR

AC AVENIDA DUQUE DE CAXIAS
01214-999 São Paulo/SP

------ dobre aqui ------

CADASTRO PARA MALA-DIRETA

Recorte ou reproduza esta ficha de cadastro, envie-a completamente preenchida por correio ou fax, e receba informações atualizadas sobre nossos livros.

Nome: _____ Empresa: _____
Endereço: ☐ Res. ☐ Com. _____ Bairro: _____
CEP: _____-_____ Cidade: _____ Estado: _____ Tel.: ( ) _____
Fax: ( ) _____ E-mail: _____ Data de nascimento: _____
Profissão: _____ Professor? ☐ Sim ☐ Não Disciplina: _____

1. Onde você compra livros?
☐ Livrarias ☐ Feiras
☐ Telefone ☐ Correios
☐ Internet ☐ Outros. Especificar: _____

2. Onde você comprou este livro? _____

3. Você busca informações para adquirir livros por meio de:
☐ Jornais ☐ Amigos
☐ Revistas ☐ Internet
☐ Professores ☐ Outros. Especificar: _____

4. Áreas de interesse:
☐ Psicologia ☐ Comportamento
☐ Crescimento Interior ☐ Saúde
☐ Astrologia ☐ Vivências, Depoimentos

5. Nestas áreas, alguma sugestão para novos títulos? _____

6. Gostaria de receber o catálogo da editora? ☐ Sim ☐ Não

7. Gostaria de receber o Ágora Notícias? ☐ Sim ☐ Não

Indique um amigo que gostaria de receber a nossa mala-direta.

Nome: _____ Empresa: _____
Endereço: ☐ Res. ☐ Coml. _____ Bairro: _____
CEP: _____-_____ Cidade: _____ Estado: _____ Tel.: ( ) _____
Fax: ( ) _____ E-mail: _____ Data de nascimento: _____
Profissão: _____ Professor? ☐ Sim ☐ Não Disciplina: _____

Editora Ágora
Rua Itapicuru, 613 7º andar 05006-000 São Paulo - SP Brasil Tel. (11) 3872-3322 Fax (11) 3872-7476
Internet: http://www.editoraagora.com.br e-mail: agora@editoraagora.com.br